中国历史五千年

ZHONGGUO LISHI
WUQIANNIAN

彭凡 编著

全国百佳图书出版单位

化学工业出版社

·北京·

图书在版编目（CIP）数据

中国历史五千年. 中/彭凡编著. —北京：化学工业出
版社，2019.6
ISBN 978-7-122-34134-1

Ⅰ．①中… Ⅱ．①彭… Ⅲ．①中国历史-儿童读
物 Ⅳ．①K209

中国版本图书馆CIP数据核字（2019）第052686号

责任编辑：史 懿 装帧设计：尹琳琳
责任校对：王 静

出版发行：化学工业出版社(北京市东城区青年湖南街13号 邮政编码100011)
印 装：河北画中画印刷科技有限公司
710mm×1000mm 1/16 印张12½ 字数150千字 2019年10月北京第1版第1次印刷

购书咨询：010-64518888 售后服务：010-64518899
网 址：http://www.cip.com.cn
凡购买本书，如有缺损质量问题，本社销售中心负责调换。

定 价：39.80元 版权所有 违者必究

目录
MULU

导读
DAODU

"读史使人明志。"

古往今来，大凡有识之士，都特别重视学习历史，研究历史。

如果说历史是一条波澜壮阔的河流，那么，每一个可歌可泣的英雄人物，都是一朵灿烂夺目的浪花；每一个惊天动地的事件，都是一个耐人寻味的转弯。

而这些，不但是我们民族，甚至整个世界的精神财富，更是今天孩子们未来路上的精神坐标。

在这里，我们把这些被载入史册的元素浓缩为这套《中国历史五千年》。

从盘古开天辟地，到中华人民共和国成立，中国浴火重生；从混沌蒙昧的远古，到遨游太空的现代。在这期间，经历了多少朝代更迭，历尽了多少沧海桑田，才铸成这五千年的灿烂文明。

本套书以时间为顺序，采用图文并茂的形式，选取当中最跌宕起伏的战争故事，最感人至深的英雄人物，最光彩夺目的文化成就，有序地、全方位地展示上下五千年的历史脉络。

这些故事内容衔接紧密，文字生动精炼，带给小读者们一场阅读盛宴！

总之，我们希望少年儿童通过这套书走进历史，爱上历史，从而提升自己的人文素养，丰富自己的生命内涵，产生对祖国的认同感、归属感和自豪感，以做一个中国人为傲。

什么都不做也很好

SHENME DOU BU ZUO YE HEN HAO

如果想取得好成绩，
如果想被评为三好学生，
如果想当上优秀班干部，
就必须付出努力，
拿出点成绩来给别人看看。

同样地，评价皇帝的功过，
也要看他们付出了哪些努力，
干了哪些成绩。
可在历史上啊，
有一些"幸运"的皇帝，
他们什么都不做，
竟然也获得了美名。

萧规曹随

　　说到什么都不做的皇帝，就要讲西汉时期一个著名的典故，叫"萧规曹随"。这个典故字面的意思是，萧何萧丞相留下的规矩，曹参曹丞相完全照着办，一个字儿也不改，什么新法规都不订立。这样一说，大家肯定觉得曹参这个丞相做得太轻松了吧，简直就是坐享其成。难道皇帝就一点意见都没有？

　　汉惠帝还真急了，可他又不好当面指责曹参，就叫曹参的儿子曹窋先去帮他打探消息。

　　惠帝对曹窋说："你回家后，帮我问问你父亲。你说，高祖刚死不久，新帝又年轻，没什么治国经验，正是需要丞相多加辅

爸，是皇上让我问的啊！呜呜……

我知道，我就是打给皇上看的。

佐的时候。可您身为丞相，整天除了与人喝酒聊天，什么都不干，长此下去，怎么能把国家治理好呢？"

惠帝还吩咐曹窋把他父亲的回答一五一十转述给他听。

曹窋回到家，把惠帝的话原原本本地说了一遍。可没想到，曹参听后，勃然大怒，打了儿子一顿，边打边说："你小子懂什么朝政？这些事情是你应该说的吗？还不滚回去好好侍奉皇上。"

曹窋被揍了一顿，垂头丧气地回到皇宫，把事情的经过转述给惠帝听。这下，惠帝更摸不着头脑了，就在早朝时留住曹参，责备他说："你为什么打骂曹窋？那些话，都是我叫他说的。"

曹参听完，急忙摘掉官帽，跪在地上请罪说："请问陛下，您跟先帝相比，谁更贤明呢？"

惠帝立即回答说："我怎么敢跟先帝比？"

曹参又问："那我跟萧何比，谁更有才能呢？"

惠帝笑笑说："你好像不如萧何。"

曹参正色说："陛下说得对，既然您的贤能不如先帝，我的才能又比不过萧何，那他们在统一天下后制定的那些法令，我们为什么要去改变呢？"

惠帝听完后，恍然大悟。从此，惠帝就按照曹参说的办，严格遵守高祖和萧何制定的律法，不做任何改变。这就是著名的"萧规曹随"的故事。

文景之治

要说起什么都不做的皇帝，汉朝还真的挺多的。汉惠帝之后的两位皇帝，是汉文帝和汉景帝。这对父子也是什么都不做，却迎来了太平盛世，历史上称之为"文景之治"。这也太幸运了吧？下面，我们就来看看"文景之治"究竟是怎么一回事。

秦朝末年，由于皇帝太残暴，总是虐待百姓，百姓们不干了，一个接一个地造反。终于，秦朝灭亡了。之后，两大股势力——"楚军"和"汉军"又开始长达四年的争霸战。最终，这场战争以汉军的胜利而告终。

仗是打完了，可田地荒芜了，经济也倒退了，老百姓因为连年征战，穷得叮当响，都快活不下去了，非常可怜。

面对这么恶劣的环境，文景二帝认为，只有尽量不去干扰百姓，让他们自由耕种，发展经济，安居乐业，才能使西汉王朝变得强大。于是，他们在政治上采取"无为而治"的统治方针。

"无为而治"是黄老学说的思想，也就是什么都不做的意思。虽然这看起来有点消极，但正是当时社会所需要的。

果然，经过几十年的休养生息，国家经济慢慢复苏，统治秩序变得井然有序，人口逐渐增长，到处呈现一片太平盛世的景象。

史书上记载，"文景之治"后期，全国各地粮仓里的粮食由于堆积太久，都腐烂了。政府库房里的钱更是多得花不完，连串钱的绳子都被虫蛀断了。而这也正是对文景二帝"什么都不干"，却使国家繁荣昌盛最好的诠释。

七国之乱

　　七国之乱是汉景帝时期一次著名的叛乱。说到这场叛乱，还得从两个孩子下棋说起。

　　文帝时期，吴国的世子刘贤去朝见皇帝，文帝吩咐皇太子接待他。一天，两人在下棋的时候起了争执。吴世子态度不恭，咄咄逼人，把皇太子给惹恼了。皇太子拿起棋盘，啪啪几下，当场把吴世子给砸死了。

　　吴王刘濞（bì）失去了心爱的儿子，心中难免怨恨。文帝为了安抚吴王，特别允许他以后不用再来长安朝拜皇帝，封国内的铜、盐矿产都不用上交给朝廷，百姓也不必缴纳赋税；还给吴国百姓一些补贴福利。这种特别的"关爱"一直持续了四十多年，没想到这也让吴王做好了充分的造反准备。

　　这时，一个叫晁（cháo）错的大臣发现情况不妙。他见吴王的势力越来越强大，还在偷偷练兵，就跟景帝建议，削减藩

王的权力和土地，免得他们造反。

君臣二人一拍即合，于是兴高采烈地开始削藩。他们先是削了楚王、赵王，接着又削了胶西王，就在准备向吴王下手的时候，吴王造反了。

这可是你逼我的。吴王在心里默默地说。

吴王迅速拉拢了胶西王，又联合楚王、赵王、济南王、淄川王、胶东王，来了个集体大造反。

叛军打着"诛晁错，清君侧"的旗号，气势汹汹地奔长安而来。景帝急忙派大将军周亚夫前去迎敌。可叛军来势太猛，景帝也害怕了，为了安抚叛军，景帝听取袁盎的建议，杀了晁错。

然而，叛军并没有因为晁错的死而停下脚步。"诛晁错，清君侧"，不过是个借口而已。

后来，叛军攻到梁国的时候，遇到了强烈抵抗，只好转而奔向周亚夫的军队。叛军急于求战，但周亚夫却坚守不出兵。过了好些日子，叛军终于弹尽粮绝，冒死挑衅周亚夫，却被打得鬼哭狼嚎，溃不成军。

周亚夫趁机率军追击，取得了胜利。吴王

我知道，算朕对不起你，拉下去斩了。

刘濞丢下军队，带领数千精兵趁夜逃走。

没了主心骨，叛军自然就崩溃瓦解了。

再说吴王，他一口气逃到东瓯（ōu）国，以为出了国就安全了。谁知朝廷派人收买东瓯王，东瓯王就把吴王骗出来杀掉，砍下脑袋，派人快马加鞭送给了汉景帝。其他诸侯见大势已去，投降的投降，自杀的自杀。就这样，七国之乱，终于落下帷幕。

这场叛乱仅仅历时三个月，就全部被平定。然而，这也给汉朝皇帝敲响了一个大警钟：如今国家富强了，诸侯与百姓也有钱了，那些诸侯国一个个兵强马壮，还能任由他们继续壮大下去吗？还有那些地主、富商，也开始勾结官府，欺压百姓了，还能任由他们胡作非为下去吗？

"无为而治"的政治思想，也许不再适合这个时代了。

皇帝是个冒险家

HUANGDI SHI GE MAOXIANJIA

提到冒险家，你最先想到谁呢？
是发现新大陆的哥伦布？
还是动漫《海贼王》里的路飞？
或者是那些敢于挑战自己，勇攀珠峰的人？
没错，这些人都是真正的冒险者，
他们的勇气与执着，
也都值得我们学习。

但今天我们要讲的冒险家，
他的身份有点特别，
他竟然是一位皇帝。
有人觉得奇怪，
皇帝什么都有，有国土，有钱，还有人伺候着，
为什么要去冒险呢？
是的，汉武帝拥有了一切，
可他天生具有冒险精神，
喜欢开拓，渴望为尊严而活着。
现在，我们就来讲讲这位冒险家的故事。

打响马邑之战

前面我们已经讲了，当国家渐渐变得富强起来后，"无为而治"的思想就不再好用了。所以，汉武帝即位后，废除了黄老学说，推崇儒家思想，讲究尊卑礼仪。

既然汉武帝不想"无为"，那么他就一定渴望有所作为。

他想有什么作为呢？

答案是找匈奴人算账！

原来，匈奴是汉朝西北面的少数民族。从高祖时代起，匈奴人就不断骚扰汉朝，常常跑来边境抢夺粮食和牛羊。汉高祖很生气，可又不想轻易发动战争，只好想了个办法：把汉朝的公主嫁给匈奴首领，和匈奴人结成亲（qìng）家。这叫"和亲"。

后来，文景两朝对匈奴都采取和亲的政策。

前面有埋伏，不跑是傻瓜。

只是，汉朝的委曲求全，并没有换来真正的安宁。蛮横的匈奴人还是经常侵犯中原，掠夺粮食和牛羊，使北方边境的百姓苦不堪言。这时，汉武帝就想教训教训匈奴。

公元前135年，匈奴单（chán）于（即匈奴首领）又派使者来要求和亲，汉武帝就跟大臣们讨论。这时，有个叫王恢的大臣站出来，说："朝廷同匈奴和亲，可匈奴却不守盟约，屡屡侵犯边界，我们应该发兵教训教训他们才好。"

王恢的想法跟汉武帝不谋而合，可却遭到很多大臣的反对。汉武帝只好作罢。

过了两年，马邑（汉匈交界的一个城市）有个大商人聂（niè）壹来找王恢，说他有办法把匈奴骗到汉朝境内，活抓他们的单于。

王恢听到聂壹的计谋后，激动得直拍大腿，赶紧跑去告诉汉武帝。汉武帝听后也非常兴奋，不顾大臣反对，决定采用聂壹的计策。

聂壹先假装逃到匈奴，跟单于谎称他有办法拿下马邑，希望事成之后能分一杯羹。

单于听后很高兴，可并不太相信聂壹的话，就先派几个心腹跟聂壹前去，等聂壹杀了马邑的官员，他才高高兴兴地去接管马邑。

听到这里，很多人会问，聂壹真的杀了马邑的官员吗？

其实不然，聂壹回到马邑后，就按照之前和王恢商量好的办法，杀了几个死刑犯，把头挂在城头上，然后对匈奴使者谎称，这就是马邑官员的脑袋。匈奴使者信以为真，就回去禀告了单于。

匈奴单于以为马邑到手了，领着十万大军，兴冲冲地直奔马邑而来。可他越走越不对劲，怎么沿路一个人都没有？单于赶紧派人打探消息，结果发现有埋伏，赶紧带着部下脚底抹油溜走了。

埋伏在马邑的汉军听说匈奴逃跑了，赶快去追，可哪里追得上啊！

马邑之战虽然没有成功，但它却展现了汉武帝非凡的勇气，以及抵抗匈奴的决心，也拉开了汉匈之战的帷幕。

请为朕的勇气点赞！

和敌人的敌人做朋友

汉武帝为了教训匈奴人，想过很多办法。有一次，他听说西域有个月氏（yuèzhī）国，跟匈奴人有血海深仇。他们一直想找匈奴人报仇，只是苦于找不到帮手。

汉武帝听了，非常高兴，心想：敌人的敌人就是自己的朋友啊。一定要去结交这个月氏国，和他们共同对付匈奴。

于是，汉武帝召集大臣，问谁能替他出使月氏。大臣们七嘴八舌地讨论了一番，谁也不敢贸然站出来！就在汉武帝失望不已的时候，有个叫张骞（qiān）的人站了出来，表示愿意去完成这项艰巨的任务。

就这样，公元前138年，张骞带着一百多名勇士，以及一个叫堂邑父的匈奴向导向西出发了。可没想到，他们刚走到匈奴的境内，就被抓住了。张骞一行人全都做了俘虏，可真倒霉啊！

好在匈奴并没有杀害他们，而是将他们软禁起来。张骞心想：留得青山在，不怕没柴烧。就在匈奴住了下来。

可这一住，就住了十多年。后来，张骞趁匈奴人放松警惕的时候，才和堂邑父骑上两匹快马逃走了。

张骞和堂邑父骑着马，没命地狂奔，经历了许多风沙磨难，来到一个叫大宛（yuān）的国家。他们向大宛的国王表达了汉朝的友好期望。大宛王非常高兴，派人护送他们到另一个叫康居的国家。

康居的国王也热情地招待了他们，又派人护送他们去月氏。

一路风餐露宿，张骞和堂邑父总算来到了月氏，可迎接他们的，却是当头一盆冷水。

　　原来，月氏被匈奴打败后，大部分居民迁徙到了西边，建立了一个"大月氏国"。这几十年来，大月氏人过得非常安宁，早就不想找匈奴人报仇了。于是大月氏女王委婉地拒绝了张骞。无论张骞怎么游说，大月氏女王始终不肯答应，张骞只好和堂邑父告别月氏国，打算回长安。

　　可不幸的是，回去的路上，张骞经过匈奴地界时，又被抓住了！直到一年后，匈奴发生内乱，他才逃了出来。

　　就这样，前前后后一共经历十三年时间，张骞才终于回到汉朝。汉武帝为了表彰张骞的勇敢和忠诚，封他做了中大夫。

　　过了几年，汉朝的大将卫青、霍去病消灭了匈奴主力，很多原本依附匈奴的西域小国，一看匈奴人不行了，都想脱离匈奴的控制。趁这个机会，汉武帝又派张骞去出使西域。

　　公元前119年，张骞带着三百个勇士，六百匹好马，成千上万的牛羊，价值千万的钱财、布匹，再次出发了！

张骞首先来到乌孙国，劝乌孙王跟汉朝一起对抗匈奴。可乌孙王是个胆小鬼，不敢跟匈奴人打。张骞怕耽误时间，一面留在乌孙游说，一面派副使分别出使大宛、康居、大月氏、大夏、安息等国家。

在乌孙待了一段时间后，张骞见乌孙王还是不肯答应，只好准备回长安。

乌孙王趁机提出派人护送张骞，顺便见识一下汉朝的天威。于是，张骞带着几十个乌孙使者，回到了长安。乌孙使臣还代表他们的国王，送给汉武帝几十匹好马。汉武帝非常高兴。

一年后，张骞去世了，许多副使也陆续回到长安。大家一合计，竟然一共去过三十六个国家！

自张骞出使西域后，汉朝与西域各国就有了贸易交流。从此以后，中国的茶叶和丝绸被源源不断运送到西方，人们把这条路线称作"丝绸之路"。

直到今天，这条"丝绸之路"仍然是一条连接东西方的纽带呢。

征战大漠的名将

　　我们知道在古代，一般只有出身名门世家的人，才有机会当大官，而那些出身低微的人，是很难受到皇帝的重用的。但大将军卫青却打破了这个规则。

　　卫青的身份有多卑微呢？

　　历史上记载，卫青曾经是平阳侯家的骑奴。骑奴，就是主人家骑马的时候，在一旁伺候的奴仆。

　　后来，卫青的姐姐卫子夫进了宫，受到汉武帝的宠幸，卫

青才得到汉武帝的提拔。

事实证明，汉武帝的眼光是非常准确的。卫青第一次领兵出征，就直捣龙城（匈奴人的王廷），杀了七百多个敌人。从此以后，卫青接二连三地打败匈奴，立下了显赫的战功。

公元前124年，汉武帝派卫青去攻打匈奴的右贤王。卫青带着三万骑兵，一路追着匈奴到了长城之外。匈奴人以为汉军远着呢，就在帐中饮酒作乐，一个个喝得东倒西歪。卫青连夜行军数百里，偷袭匈奴军营。匈奴人被打了个措手不及，溃不成军。

这一仗，卫青抓住了一万五千多个俘虏，其中有很多是匈奴中的大人物呢！

汉武帝知道了这个好消息，十分高兴，立马封卫青做大将军，还要给他的三个儿子封侯。可是卫青摇摇头说："这都是将士们的功劳，我的儿子并没有立功，皇上还是奖励将士们吧！"

卫青这么一说，汉武帝就更加佩服他了，点点头说："好！就按你的意思去办！"

这是朕送你的房子。

不，匈奴没消灭，我就不成家！

　　转眼到了第二年，匈奴又打了过来。不用说，一定又是卫青打头阵。这一次，卫青的外甥霍去病也上了战场。霍去病刚满十八岁，很想像卫青那样建功立业，就跟着卫青一起去打匈奴。

　　匈奴听说卫青来了，吓得四处逃跑。卫青派人兵分四路去追，下令务必打垮匈奴的主力。

　　晚上，四路兵马回来报告卫青，都说没有找到匈奴的主力。

　　再说霍去病，这时还只是个校尉，他带领八百名壮士一路向北追赶，追了几百里路，终于找到了匈奴的营帐。霍去病他们偷偷靠近，挑了一个最大的帐篷，猛地冲进去。霍去病手起刀落，杀了一个匈奴贵族，还活捉了两个。匈奴兵眼看头领死的死，被抓的被抓，顿时一团慌乱，四处逃跑。

　　霍去病大获全胜，把人头和俘虏带到卫青面前时，才知道他抓住的那两个俘虏，一个是匈奴单于的叔叔，另一个是匈奴的相国，而那个被杀死的贵族竟然是一个王。这下子，霍去病扬名立万了，被汉武帝封为冠军侯。

没过多久，汉武帝又封霍去病为骠骑将军，命他率一万骑兵攻打匈奴。霍去病跟匈奴人大战了六天六夜，匈奴节节败退。霍去病紧追不舍，结果越追越远，越过燕支山，又追了一千多里地。那里有很多匈奴的属国，如浑邪国，休屠国等等。霍去病到了那里，就顺便抓走了浑邪国的王子和相国。匈奴单于大怒，要杀浑邪王，浑邪王一害怕，和休屠王双双向汉朝投了降。

霍去病一次又一次立下战功，真是把汉武帝高兴坏了。汉武帝决定赏霍去病一座大宅子，霍去病却推辞道："匈奴还没有消灭，我哪里顾得上安家啊！"这就是"匈奴未灭，何以家为"的来历。

为了彻底消灭匈奴，公元前119年春天，汉武帝再次派卫青和霍去病各带五万兵马，从东西两面夹击匈奴。卫青穿过沙漠，行军一千多里路，遇到了匈奴单于。这可把卫青乐坏了，他立刻摆开阵势，跟匈奴单于大战了一场。

匈奴单于招架不住了，向北逃跑，卫青紧追不舍，一直追到赵信城，发现城里的匈奴兵都跑光了，很多粮草都没有带走。卫青这才停下脚步，和士兵们饱餐一顿后，烧光了剩余的粮草，得胜回朝了。

而另一头，霍去病也越过茫茫沙漠，行军两千多里，和匈奴的左贤王大战了一场，一直把匈奴人追到狼居胥山，总共消灭了七万多敌军，俘虏了八十多个王爷和官员。

这场战争被称为"漠北之战"，是汉朝有史以来规模最大、追击匈奴最远的一场战役。从此以后，匈奴被迫撤退到大漠以北，大漠以南再也看不到匈奴人的身影了。

敢惹皇帝的人

GAN RE HUANGDI DE REN

在电视剧里看到的皇帝，
可威风了，
谁要是让他不高兴，
他就让谁掉脑袋。

事实上，这样的例子在历史上也不少见。
在古代，皇帝掌管着生杀予夺的大权，
一般人都不敢惹他生气。
当然，还有少数"不怕死"的人，
他们或者为了忠诚，
或者为了正义，
不惜得罪这个高高在上的家伙，
成为历史上有名的敢惹皇帝的人。

苏武牧羊

在新闻联播里，我们经常能听到国家领导人出国访问的新闻。因为这样做可以促进两国的文化交流，巩固两国之间的友谊。

在古代，皇帝为了维持和少数民族之间的关系，也常常派大臣出使。今天我们故事里的主人翁苏武，就是被皇帝派到匈奴的使臣。

公元前100年，匈奴部落推举了一位新的单于。这位单于可不是"好战分子"。他派使臣带着礼物，向汉武帝表达了"和

平"的美好心愿。正好汉武帝也有此意，就派苏武和一百多名随从，带着回赠的礼品出使匈奴。

那个时候，交通远没有现在发达。苏武和随从们经历长途跋涉，好不容易来到匈奴部落，向单于献上礼品。偏偏这个时候，部落里发生了内乱。匈奴人可不想苏武回去把这些告诉汉武帝。因为万一汉人掌握了他们的弱点，那就完蛋了。于是，单于对苏武说，只要他愿意向匈奴臣服，就给他高官厚禄，还有一辈子花不完的钱。

苏武一听，非常生气，他可是汉朝皇帝的臣子，怎么能侍奉匈奴皇帝呢？于是苏武果断拒绝了。单于觉得很没面子，决定对苏武实施酷刑。

单于命人把苏武关进一个大地窖里，什么食物也不给他，想以此来威逼他臣服。当时，天上飘着鹅毛大雪，天气特别冷。可苏武非常倔强，宁死不肯屈服。他渴了就抓一把雪来吃，饿了就吃身上的羊皮袄，冷了就缩在角落里。日子一天天过去，苏武的身体状况越来越糟糕，终于昏迷过去。

单于听说后，很佩服苏武的气节，就命人救活他，承诺给他一个机会。

苏武一听，整个人都来了精神，只要能让他回到中原，无论让他做什么事情，他都会全力去做！

单于见了苏武的反应，笑着说："既然你不投降，那我就让你去放羊。什么时候，你让这些羊生出小羊羔，我就让你回中原。"

说完，单于命人把苏武和羊赶到了人迹罕至、环境恶劣的北海（今贝加尔湖）边。刚开始，

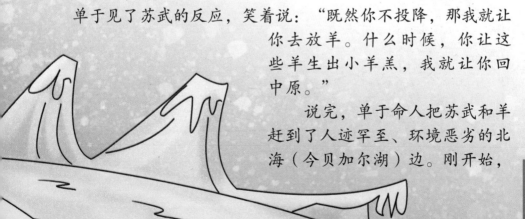

苏武特别宝贝这些羊。不过，他很快发现了其中的阴谋：单于给他的竟然全部是公羊，根本不可能生出小羊羔！

原来，单于根本就没打算放他回去！苏武怒火中烧，可又无可奈何。

于是，苏武只好与羊做伴。白天，他拿着汉朝的使节牧羊，晚上，他依靠着羊羔取暖睡觉。由于匈奴人给的食物不够，苏武每天都要去荒漠里挖野果来填饱肚子。有好几次，他挖得双手鲜血直流。可是即便如此，苏武却从没想过向匈奴人屈服。他常常站在荒漠的高处，深情地眺望中原的方向，幻想着有一天回到汉朝的怀抱，继续为皇帝效忠。

就这样，不知不觉过了19个春秋。苏武的头发和胡子变白了，使节上的穗子也掉光了。当初囚禁苏武的单于也死了，派苏武出使的汉武帝也去世了。当汉武帝的儿子汉昭帝听说了苏武的经历后，非常动容，特意派大臣再次出使匈奴部落，把苏武给接回了"家"。

李陵做了"叛徒"

李陵是"飞将军"李广的孙子，也是汉朝鼎鼎有名的大将。可就是这样一位将军，最后却当了"叛徒"，这究竟是怎么回事？

公元前99年，汉朝跟匈奴要打仗了。汉武帝让李陵负责运送粮草，李陵很不服气，跟汉武帝说，愿意带领区区五千人马，直捣匈奴王廷。汉武帝高兴地同意了，还派了一个叫路博德的将军做他的副将。

路博德年纪比李陵大，战争经验也比他丰富，所以心里很不乐意，就跑去跟汉武帝说："现在刚进入秋季，匈奴的马正膘肥体壮，不能跟他们打，要打明天春天再打。"

汉武帝听了，认为是李陵后悔不想出兵了，才故意指使路博德这么说的，就怒气冲冲地发了一道诏书，叫李陵马上跟匈奴开战！

　　李陵不敢违背圣旨，于是在还没有做好充分准备的情况下，领兵出发了。走到浚稽山时，汉军遇到三万匈奴主力。两军交战，杀得天昏地暗，最后汉军斩杀了匈奴数千，大获全胜。

　　匈奴单于得到消息后，派来八万骑兵围攻李陵。双方又是一场恶战，由于这次实力太过悬殊，汉军败得很惨。李陵带领十多名精锐战士冲出重围。匈奴数千骑兵紧追不舍！很快，匈奴追赶上了李陵这支逃生小分队。李陵长叹一声，下马投降了。

　　李陵成了匈奴的俘虏。可他并没有说出汉朝的军事秘密，也不愿为匈奴效力。

　　再说汉武帝，听说李陵投降后，气得不得了，过了很久，才接受李陵是在兵力悬殊、孤立无援的情况下投降的事实。

　　于是一年后，汉武帝派将军公孙敖带兵深入匈奴境内，想把李陵接回来。

　　可公孙敖没能完成任务，又害怕汉武帝责罚他，就回去撒谎说："李陵做了叛徒，正在帮匈奴训练士兵呢！我没法儿接他回来。"

　　汉武帝气得吹胡子瞪眼，盛怒之下，杀了李陵全家。

　　后来，有汉使到匈奴，李陵痛哭着责问使节："我为汉朝领五千步兵横扫匈奴，因无救援而败，有什么对不起朝廷的？皇帝为什么要杀我全家？"

　　汉使一听觉得不对劲，说："可皇上明明听说你在为匈奴练兵啊！"

　　李陵泪流满面地说："那是李绪，不是我！"

　　原来，李绪也是汉朝的降将。不过跟李陵不同的是，李绪是个真叛徒。

　　李陵一面怨恨皇帝不信任自己，一面又痛恨李绪给自己戴上"叛徒"的帽子，一气之下，把李绪杀了。

　　即便这样，单于还是非常看重李陵，不但多次袒护他，还把女儿嫁给了他。李陵感动之下，终于接受了单于的好意，成了匈奴的"右校王"。

若干年后，汉武帝去世了，汉昭帝听说了李陵的经历后，希望把他接回汉朝，于是派人出使匈奴，私下联络李陵。

李陵断然拒绝了回汉的邀请，说："大丈夫不能反复无常。"

李陵在匈奴待了二十多年，最终病死在了那里，结束了他备受争议的一生。值得一提的是，在这二十年里，李陵从未与汉朝作对过，宁愿白白浪费一身的军事才华，也不愿背叛汉朝。

汉朝皇帝和匈奴单于之间，李陵，你选谁？

我一个都不选。

一个记录历史的人

提到惹皇帝的人，就不得不提史官司马迁。

史官的工作就是记录历史，包括把皇帝的一言一行，功绩和过错都原原本本记录下来，供后人阅读和参考。

可汉武帝却不太喜欢司马迁把自己不好的一面记录下来，就私下跟他打招呼，希望司马迁"放过"自己，只写他优秀的事例。

司马迁义正词严地拒绝了汉武帝的请求，表示决不能弄虚作假。汉武帝听后，只好假装是在试探司马迁，并嘉奖了他认真的工作态度。

当然，这点小事对司马迁和汉武帝来说，只是个小摩擦。真正让后人记住的，是司马迁

惹怒汉武帝，而惨遭刑罚的故事。

　　这个故事跟我们之前说的李陵有点关系。

　　当时，李陵投降匈奴，汉武帝特别生气，为此在朝廷上询问大臣的意见。大臣们即便心里向着李陵，可见汉武帝怒火中烧的样子，都不敢惹他。还有一些大臣为了讨好皇帝，就站出来指责李陵的不是。

　　只有司马迁对皇帝说："李陵带着不满五千名步兵，深入敌人腹地，打击了几万匈奴。他虽然吃了败仗，但是我以为他虽败犹荣。他杀了那么多敌人，足以向天下人证明自己是个英雄了。我想他不愿意去死，并不是怕死，一定是想将来将功赎罪，来报答皇上。"

　　汉武帝一听，勃然大怒，说："你这样替投降的人辩解，难道不是在反对朝廷吗？"

　　面对愤怒的汉武帝，司马迁依旧坚持自己的观点："作为一名浴血沙场的战将，李陵早已经把生死度外，是不可能屈服于敌人的。"

　　这下汉武帝被彻底惹怒了，叫侍卫拿下司马迁，交到廷尉处审问。其实刚开始，汉武帝也只是想吓吓司马迁，叫他向自己服个软。可没想到司马迁铮铮傲骨，就是不肯低头承认"错误"。

　　汉武帝从廷尉处得知司马迁的态度后，盛怒之下，命人将司马迁处以"腐刑"，让他成了"太监"。

　　这对一个文人来说，简直是奇耻大辱！司马迁本来想在狱中自杀，可想到自己还有一件事情没做完，就是写一部伟大的史书——《史记》。于是，他忍辱负重活下来，继续编写《史记》。

　　终于，十三年后，《史记》完成了。而司马迁这个名字，也伴随这本巨著千古流芳！

会"演戏"的皇帝

HUI YANXI DE HUANGDI

在一个姓王的官宦家里，
很多年轻人都不思进取，
天天花天酒地。
可这个王家，却偏偏出了个"大圣人"，
他认真读书，谦虚节俭，
尊敬长辈，团结兄弟。
大家都觉得这个"大圣人"很特别。

可别说，还有更特别的事情呢。
这个"大圣人"有功劳了，
太皇太后要赏赐他官爵，
他拒绝了。
太皇太后要赏赐他土地，
他又拒绝了。
可是当百姓闹饥荒了，
他又毫不犹豫地拿出自己的土地和钱财。
这个人，还真是奇怪。
你说他到底是傻子还是真正的圣人呢？

王家出了个 "大圣人"

汉武帝之后，西汉就开始走下坡路了。到汉成帝这个"不务正业"的皇帝即位后，朝廷大权落到了他母亲王政君的手里。王政君有八个兄弟，除一个去世外，其他七个都被封为侯，好不风光！其中大哥王凤还被封为大司马、大将军呢。

王家的地位显赫了，王家人几乎都被冲昏了头脑，整天攀比炫耀，沉浸在玩乐之中。

可令人意外的是，在这样一个家族里，竟然出现一个与众不同的人。他就是王莽。

王莽从小跟着叔父们一起生活，为人恭谦有礼。当同辈人都沉迷酒色时，王莽却住在简陋的居室里，与书为伴。他服侍母亲，照顾寡嫂，还尽心抚养兄长的遗子。

不仅如此，王莽还对外结交了很多有贤能的人，用来辅助在朝廷里做官的叔伯们，这使得叔伯们都对王莽青睐有加！

很快，王氏家族里的这个"另类"就声名远播了，还成了当时的道德楷模。大家都说，王家子弟里，就数王莽最好。就连皇帝也夸王莽好，让他做了大司马。

当官后的王莽很注重招揽人才，许多有才华的人慕名前来投奔，还有一些寒门学子也来投靠，他全都收入门下，供他们吃喝和读书。

汉成帝死了后，不出十年，换了两个皇帝，分别是哀帝和平帝。汉平帝即位的时候，只有九岁，国家大事都由大司马王莽处理。小皇帝什么都不用干，只要穿好龙袍，乖乖地坐在那里就好了。

眼看王莽的地位越来越高，功劳越来越大，朝廷中就有人就请奏太皇太后王政君，封王莽为安汉公。可没想到，王莽说什么也不肯接受。后来，经大臣们一再劝说，王莽才勉强接受了封号，却坚持把封地给退了。

不久，中原发生了旱灾和蝗灾，再加上贪官的掠夺，老百姓们的日子过得非常艰难。为了缓和老百姓对朝廷的不满情绪，王莽建议朝廷要节约粮食布帛，还出钱一百万，献田三十顷，当作救济灾民的费用。

既然王莽带了头，那些贵族和大臣们，也就不得不拿出土地和钱财来救济灾民。有了这些救灾的款项和物资，老百姓们总算度过了最艰难的时期，对王莽的德行也倍加推崇。

太皇太后为了褒奖王莽，要赐他两万多顷土地，可王莽再次推辞了。消息一传出，百姓们都说王家真是出了个"大圣人"啊！

我愿意出钱一百万，献田三十顷来帮助百姓。

一百万

好吧，我也拿钱吧。

好吧，我也出地吧。

三十顷

大圣人原来是个伪君子

百姓认为王莽是个"大圣人"，可汉平帝却不这么觉得。当初，王莽不肯受封的事，以极快的速度传遍了全国，这让汉平帝觉得是有心人所为。

更让汉平帝隐隐不安的是，王莽越是不肯受封，就越是有人上书太皇太后册封他。朝廷大臣和地方官吏、平民，上书请求加封王莽的，竟然有四十八万多人。有人还专门收集各种各样歌颂王莽的文字，共有三万多字。

这些疑点加在一起，让汉平帝越来越不安。终于有一天，汉平帝发现王莽根本就不是什么"大圣人"，而是一个彻头彻尾的伪君子！

上书加封王莽这件事，根本就是王莽自己唆使人干的。

那些为王莽歌功颂德的，也是王莽自己的人。

王莽还把女儿嫁给汉平帝做皇后，让皇帝变成他的女婿。

于是，汉平帝对王莽有了戒心，很多事情都跟他对着干。汉平帝心想，总有一天，他要在大家面前揭开王莽这张"大圣人"的假面具！

遗憾的是，汉平帝并没有等到这个机会。

在汉平帝的一次寿宴上，王莽亲自献给汉平帝一杯"美酒"。向来对王莽怀有戒心的汉平帝，唯独这一次疏忽了，喝下了毒酒。

次日，宫里传出汉平帝病重的消息，没过几天，汉平帝就去世了。对此，王莽还哭得死去活来。

由于汉平帝去世的时候只有十四岁，没有后代继承王位。王莽就从皇室里找了一个两岁的孩子当皇帝，自己自称"假皇

帝"，也就是代理皇帝的意思。

　　时间一长，王莽就不再满足当"假皇帝"了。于是，他找了一批心腹，把一个"高祖让位给王莽"的铜匣子放在汉高祖的庙里，然后让大臣"意外"地发现这个铜匣子，并四处散播"王莽才是真天子"的言论。

　　这次，一向以"推辞"出名的王莽没有再推辞了，直接跑去向太皇太后要玉玺。

　　王政君大吃一惊：原来这才是王家"大圣人"的真面目啊！于是她死活不肯把玉玺交出来，最后被王莽逼得实在没办法了，才愤怒地把玉玺扔到地上。

　　公元8年，王莽由假皇帝变成真皇帝，改国号为"新"，仍然定都在长安。到这里，从汉高祖开始，统治了两百多年的西汉王朝就落下了帷幕。

会"演戏"的皇帝不会"工作"

西汉末年，很多地主豪强把土地占为己有，广大百姓无依无靠，过着流离失所的苦日子，整个社会动荡不安。这个时候，一直在演绎"大圣人"的王莽上位了，他会怎样治理这个乱世呢？

王莽是儒家思想的忠实信徒，他认为，社会要回到孔子所宣称的"礼崩乐坏"之前的时代，人人谦卑有礼，遵守社会秩序，天下才会太平。

有人也许会问，要回到以前的时代，这不是要"穿越"吗？这可不叫穿越，这是复古！王莽想通过恢复西周时代的制度，来达到治国安天下的目的。于是他仿照周朝制度，开始推行新政，历史上称之为"王莽改制"。

为了防止贪官、豪强对百姓强取豪夺，王莽宣布，土地和奴婢都不得买卖。

他还改革了货币，增加了官吏们的俸禄，希望他们不要再为难百姓。

没错，王莽的这些政策，都出自"圣人"的思想，是真心实地为了百姓好。但是，在那个动荡的年代里，这种做法显然是不合适的。因为要帮助百姓，就会损害到贪官、豪强的利益。要知道在当时，贪官和豪强在社会中形成了一股十分庞大的力量，王莽想要彻底粉碎是不可能的。所以，王莽的政策并没有得到很好的执行。

这个"大圣人"，不仅"内务"处理不好，外交也出了问题。他把匈奴、高句丽等属国的国君从"王"降成了"侯"，还给人家的国家、君王乱改名字。这激发了新朝与各属国之间的激烈矛盾，导致边境冲突不断，耗费了大量的人力物力，加重了朝廷和百姓的负担。

很快，整个新朝廷陷入危机。到了王莽末年，天灾频发，土地荒芜，物价上涨，百姓流离失所，甚至出现人吃人的惨状。

这个时候，王莽竟天真地派人到民间，教百姓用木头煮成奶酪状的食物来充饥，希望借此度过危机。可百姓们怎么会愿意吃木头呢？为了生存，越来越多的百姓铤而走险，纷纷揭竿起义，终于把王莽赶下了台。

这个短命的新朝，只维持十五年就结束了。

要不你先吃吃看？

你们看，这东西是不是很像奶酪？

明明是木头浆嘛。

读书人也厉害

DUSHUREN YE LIHAI

有人说，
百无一用是书生，
因为书生手无缚鸡之力，
只会死读书，读死书。
要他们有什么用呢？

不过，今天的故事会告诉你，
读书人也可以很厉害哟。
一个骑牛的读书人就做了皇帝，
一个整理史稿的人竟然能杀匈奴人，
一个爱读书的皇帝把佛经引入了中国，
他们都在历史上留下了读书人光辉的一笔。
哼，谁再说百无一用是书生，
那他一定是个没读过书的大文盲！

学历最高的皇帝

哎呀，刘秀兄弟杀过来了！

那个推翻王莽新朝的人，名叫刘秀，也就是东汉的开国皇帝——汉光武帝。说起来，他还是中国历代帝王里学历最高的皇帝呢。

刘秀本来是西汉的皇室子孙，由于家道中落，父亲又死得早，最后沦为了一个普通农民。刘秀从小就喜欢读书，就连放牛的时候，也要捧起书来读；在耕作休息的间隙里，也不忘瞄几眼书本。后来，叔父们发现他爱读书，就把他送到长安太学院读书。

长安太学院可不是一般的学府，放在今天来说，就相当于清华、北大。这所学院也不是有钱就能进去的，还要有资质，需要参加入学考试，合格者才能入读。不过这种考试，自然难不倒像刘秀这样天资聪颖又刻苦勤奋的人。很快，刘秀出色地完成了学业。后来他当上皇帝，就成了中国历史上学历最高的皇帝。

尽管刘秀学富五车，可在当时那个动乱的年代里，他并没能谋得一官半职，只好返回家乡种地，日日夜夜与牛和书本为伴。

俗话说，是金子总会发光。就在大家纷纷揭竿起义的时候，刘秀的哥哥刘缤（yǎn）创建了一支起义小分队，而刘秀也加入到其中。

　　不过，刘秀哥俩的这支队伍可不怎么样，装备和武力都相当差。有多差呢？根据历史记载，在早期作战中，刘秀是骑着牛上战场的，连一匹像样的战马都没有。

　　可恰恰就是这么一支装备落后的起义军，把王莽赶下了台。后来，人们把刘秀亲切地称为"牛背上的皇帝"。

　　再说刘秀哥俩的队伍，经过多次作战，终于逐渐成熟起来。当时起义军有两大势力，一个是绿林军，一个是赤眉军。刘秀哥俩经过一番考虑，加入了绿林军，并多次立下战功，成为绿林军中一支很重要的力量。

　　绿林军为了增强队伍的感召力，打出"反新复汉"的大旗，并拥立汉室后裔刘玄为帝，称"更始帝"。更始帝上台后，封刘縯为大司徒，刘秀为太常偏将军。

　　更始政权建立了，王莽感到害怕了，

王莽老儿，快快下台！

就命令四十多万人马前来攻打，想灭掉这群民间称帝的家伙。

浩浩荡荡的王莽大军首先与刘秀的军队相遇。起义军将领一看密密麻麻的人头，都有些害怕了，只有刘秀表现得异常冷静。他凭借多年来苦读积累下的智谋，以及这些年的实战经验，率领部下在昆阳消灭了王莽军队的主力，创造了一个世界军事史上以少胜多的优秀战例，史称"昆阳大捷"。

昆阳大捷，意味着王莽政权即将瓦解，可更始帝刘玄却隐隐感到不安。因为在军队里，刘秀哥俩的名声越来越大。更始帝害怕这兄弟俩威胁到自己的地位，于是给刘縯随便安了个罪名，把他杀死了。

消息传出之后，刘秀大吃一惊，但他没有因哥哥遇害而失去理智，贸然出兵讨伐刘玄，因为以他的兵力，根本无法与刘玄对抗。经过反复思考后，刘秀决定到宛城去向刘玄请罪。他见到刘縯原来的部下，也不敢太热情，昆阳战功更是闭口不谈，甚至都不给哥哥服丧，看上去像没事儿人一样。只有在四下无人的时候，他才敢悄悄抹眼泪。

终于，刘玄相信了刘秀，封他为破虏大将军、武信侯。

不久，绿林军攻下长

我都是在没人的地方才哭啊。

安和洛阳，杀掉了篡国贼王莽，新朝灭亡了。刘玄在洛阳开开心心地做起了皇帝，同时派刘秀北上扫平余党。刘秀一路北行，一路收揽部队，羽翼逐渐丰满起来。

这个时候，刘秀就想跟更始帝算算哥哥那笔账了。

公元25年，刘秀自立为皇帝，开始跟更始帝正面对抗。而更始帝呢，还沉迷在皇帝梦里醒不过来呢。他先是建都洛阳，又迁都到长安，整天在皇宫里饮酒作乐，快活得不得了。

赤眉军见了，就趁机围攻长安。更始帝吓坏了一溜烟逃到长安城外避难，后来听说投降可以不死，就捧着玉玺前来投降，可还是被杀掉了。

刘秀趁赤眉军攻打长安的时候，占领了洛阳，接着又领兵打败了赤眉军。就这样，天下终于平定了。

刘秀建立的王朝，依旧叫汉朝。为了区分之前的那个汉朝，人们把这个汉朝叫作东汉。

刘秀死了哥哥，一点儿也不伤心。

班超投笔从戎

东汉有个大文学家，叫班彪。班彪有两个儿子和一个女儿，两个儿子叫班固、班超，女儿叫班昭。兄妹三人从小就跟父亲学习文学和历史。

汉光武帝刘秀登基后，给班彪布置了一个任务：整理西汉历史。

班彪高高兴兴地接受了这个任务，开始编写一部叫《汉书》的史书。只可惜，他还没写完就去世了。接着，汉光武帝也去世了，他的儿子汉明帝即位。

俗话说，子承父业。汉明帝就让班固继续编写《汉书》。班超给哥哥当助手，帮忙完成一些抄写和整理的工作。

虽然天天在一起工作，可兄弟俩的性情却大不相同。班固文静，喜欢研究百家学说，专心致志撰写父亲未完成的《汉书》。可班超却是个活泼好动的小子，虽然也有学问，却不愿意老伏在案头写东西。

当时，匈奴已经脱离了跟汉朝的关系，又跟从前一样，常常侵扰边疆，抢夺居民和牲口。

班超听说这事，气愤地扔了笔，说："大丈夫应当像张骞那样，到塞外去立功，怎么能老死在书房里呢！"就这样，班超放下了他的工作去从了军。这就是历史上有名的"投笔从戎"的故事。

可是，一个读书的小伙子，也能打仗吗？人们不禁有些怀疑。

公元73年，汉明帝派大将军窦固出兵攻打匈奴，班超就在窦固手下做事。窦固想采用汉武帝的老办法，派人联络西域各

国，共同对付匈奴。他特别看重班超这个勇敢的小伙子，就派他出使西域。

于是，班超带着三十六个随从先到了鄯（shàn）善。鄯善王见汉朝使者来访，热情地招待了他们。可过了没几天，鄯善王的态度就变得冷淡起来。班超心想：这不对劲啊，鄯善王怎么变得这么快？一定是匈奴使者也来了。

为了证明自己的猜测，班超故意对前来送酒的仆人说："匈奴使者住在哪里呀？"

仆人以为班超早知道这件事情了，吃惊地说："他们住的地方离这儿有三十里地呢！你是怎么知道的？"

班超没有回答，命人把仆人扣留起来，召集了三十六个随从人员，趁着黑夜，偷袭匈奴的帐篷。

　　当时，正刮着大风。班超叫十个人拿着鼓，躲在帐篷后面，二十个人埋伏在帐篷前面，自己跟其余六个人偷偷摸到帐篷边上，放了一把火。火一烧起来，十个人同时擂鼓、呐喊，二十个人举着刀，大喊大叫地杀进帐篷。

　　匈奴人不知道发生了什么事，惊慌不已。这个时候，班超带头冲进帐篷，杀了三十多个匈奴人，顺便把帐篷也烧光了。

　　天亮之后，班超就请鄯善王来见证自己的"成果"。鄯善王看到匈奴使者都被班超杀了，当下表示愿意臣服于汉朝。

　　这一次，班超出色地完成了任务，得到了汉明帝的赏识，

你服不服我汉朝？

我服，我服了。

被封为军司马。

不久，汉明帝又派他去于阗（tián），劝于阗王脱离匈奴的控制，跟大汉结交。

这次，班超还带着原来的三十六个人去了于阗。可于阗王对他们却不怎么热情。班超劝他脱离匈奴的控制，跟汉朝联盟，于阗王却说他决定不了，得找巫师向神请示。

于是，于阗王找来了巫师，巫师装神弄鬼，假借神明的旨意对于阗王说："没必要跟汉朝结交。我看汉朝使者那匹黑马还不错，可以留下来繁殖小马。"

于阗王听信了巫师的话，就派人向班超讨马。班超一口答应了，并叫巫师自己来取。

巫师心仪那匹黑马很久了，就高高兴兴地去了。可没想到，班超二话不说，拔刀咔嚓一下，把他的头砍了下来。

班超提着巫师的头去见于阗王，说："这巫师装神弄鬼糊弄你，我已经把他斩了。你要是再结交匈奴，总有一天，会跟他一样的下场！"

于阗王哪里见过这种场面，吓得腿一直颤抖，当下就对班超说："我们……我们愿意跟汉朝交好。"

有了鄯善和于阗两个国家做榜样，一些西域国家纷纷主动跟汉朝交好。本来自王莽上台后，西域各国已经有六十多年跟汉朝不相往来了。但经过班超的一番努力后，东汉又恢复了跟西域的经济、文化交流。

瞧瞧，这拿笔的读书人是不是也很厉害呢？

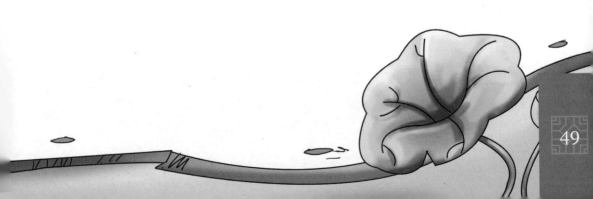

你是金子做的吗？

第一次西天取经

在东汉，不仅大臣爱读书，皇帝也爱读书。汉明帝就是个很好的例子。汉明帝读的，除了治国安邦的大学问，还有一种特殊的书籍，那就是佛经。

说到汉明帝与佛经，就不得不说一个故事。据说有一次，汉明帝做了个奇怪的梦。在梦里，汉明帝看到一个金人，头顶一道白光，绕着大殿飞行，飞着飞着，就升到空中，往西边飞走了。

第二天，汉明帝把这个奇怪的梦告诉大臣们。大臣们面面相觑，谁也不知道这个梦预示着什么，也表示从来没有见过什么小金人。

这时，有个名叫傅毅的博士走了出来，对汉明帝说："我听说，西方天竺有一种神，名叫佛，身上能发出金灿灿的光。陛下梦见的小金人，准是天竺的佛。"

天竺，就是今天的印度，是佛教创始人释迦牟尼出生的地方。说到释迦牟尼，他本来还是个王子呢！传说，他在二十九岁那年，为了寻找解脱人世间痛苦的方法，抛弃了王族的舒适生活，出家修行。

释迦牟尼苦修了六年，终于在一棵菩提树下悟出大道，立身成佛。

后来，释迦牟尼就创立了一个宗教，叫佛教，并到处宣扬佛教的道理，希望能够普度众生。

释迦牟尼死后，弟子们把他生前的学说编成了经，这就是佛经。

傅毅说的这个故事，彻底点燃了汉明帝的好奇心。当下，他就派蔡愔（yīn）和秦景两名官员到天竺去求佛经。说起来，这还是中国历史上第一次有人去西天取经呢。

两个取经人历经磨难，千里迢迢来到天竺国。天竺人一听汉朝皇帝喜欢佛经，特别高兴，不但送了他们一幅佛像和四十二章真经，还派两名僧人来中国传教。

公元67年，蔡愔、秦景带着两名天竺僧人，用白马驮着佛像和佛经，又千里迢迢地回到了洛阳。

汉明帝看到四十二章佛经，欣喜若狂，不但热情地款待了两位前来宣法的僧人，还命人在洛阳西面按照天竺的式样，建造了一座佛寺，并把送经的白马也供养在那儿。这座寺就是鼎鼎有名的白马寺。

从此，汉朝的百姓开始接触佛教和佛经。可以说，佛教能传入中国，汉明帝做出了不小的贡献。

聪明的科学家

CONGMING DE KEXUEJIA

现代的科技多么发达，
有手机、电脑、ipad，
有汽车、飞机、潜艇。
还有人造卫星和太空飞船呢。
那么古代呢？
在遥远的汉代，科技是不是落后得不得了呢？

那也不一定哟。
有人把文字写在"煎饼"上，
是不是很神奇？
有人制造了预测地震的仪器，
是不是很厉害？
还有人写了一本医书，直到今天都很流行呢，
这也太不可思议了吧！
现在，就让我们走近东汉科学家和他们神奇的故事。

蔡伦造纸

　　小朋友们，你们觉得书包里的课本重吗？如果把课本上的字刻在竹片上，做成竹简，你们知道会有多重吗？

　　是的，如果把书包里的课本都换成竹简，小朋友们一定都背不动。竹简又厚又重，还占地方，带起来可真不方便。可小朋友们知不知道，东汉时期的课本，就是这种竹简啊。

　　那个时候，人们写一本书，要用好多捆竹简。像今天的一本语文书，估计要用上百捆竹简才能记录完呢！所以那时候的人，不管是写书，还是读书，都是一件很麻烦的事情。

　　有一个叫蔡伦的人也有同感。有一次，他在读《史记》的时候，心想：一部《史记》就要用这么多捆竹简，运送和收藏都太麻烦了，除了皇帝和高官，估计平民百姓是很难读到的。所以，蔡伦就想改良竹简，让它变得更轻更方便。

　　刚开始，蔡伦试着将竹简加宽、削薄来减轻它的重量，增加它的容量。可没想到，竹简太薄了，在运输过程中很容易就裂了，碎了。看来，这个办法行不通啊！

　　不过，蔡伦可没有放弃。他每天走在路上，都用心观察，看看究竟有什么可以用来代替竹简。

　　一天，蔡伦对着石磨出神。他想，把麦粒磨成面，加上水，就可以摊成薄薄的饼子了。那么，竹简是否也可以这么处理呢？于是，他试着将竹简装进磨眼里，结果只听到"嘶嘶啦啦"的响声，却没能把竹简磨成粉。再一次，蔡伦的实验失败了！

　　蔡伦仍不甘心。他仍然觉得石磨可以制造出他想要的东西。于是，他把自己能想到的各种材料放入石磨或者石臼，看

能不能磨成粉，摊成"饼"。

　　终于有一天，蔡伦把竹节、破布和旧渔网等放在石臼中用力舂，直到把材料捣成渣。接着，他把这些渣泡在水里，水面上便立刻形成一层薄膜，看上去真的像薄薄的"煎饼"。

　　蔡伦欣喜若狂，拿小竹子轻轻将"煎饼"揭下来，贴在墙上。等到"煎饼"晾干后，蔡伦又小心翼翼地拿毛笔在上面书写，结果发现不但光滑流畅，而且墨迹很快就变干了。这比起竹简来，可是好上一千倍啊！

　　有了这次成功的实验，蔡伦信心大增，天天在原来的配方上琢磨，终于制成了一张张更加稳定的"煎饼"，这就是最初的纸。

　　他把自己发明的纸献给汉和帝。汉和帝特别高兴，下令把这种造纸法推广到全国各地。

　　这就是蔡伦造纸的故事。正因为有蔡伦坚持不懈的精神，我们今天才不用背着重重的竹简去上课。小朋友们，蔡伦的研究和坚持精神，是不是很可贵呀？

张衡和地动仪

　　跟蔡伦同一时期的科学家中，有一个人的名字我们不得不提，他就是张衡。张衡不仅是一位鼎鼎有名的发明家，还是一位才华横溢的文学家呢！

　　十七岁那年，张衡离开家乡南阳，先后来长安和洛阳求学。在这期间，他写了两篇很有名的文章：《西京赋》和《东京赋》。其中，西京就是长安，东京就是洛阳。这两篇赋狠狠地讽刺了王公贵族骄奢淫逸的生活，也充分展示了张衡的才华。

　　很快，张衡的名声传开了。朝廷听说他是个有学问的人，就召他来京城做官。张衡先是做郎中，后来又当太史令，主要负责观察天文。

　　观察天文这个工作，让张衡感到特别兴奋。因为他本身就喜欢数学和天文研究。于是，张衡每晚都用朝廷提供给他的仪器，仔细观察星空。

　　当时的人特别迷信，只要天上发生点什么异象，或者地面上发生地震，人们都会觉得是不好的预兆。然而，张衡不相信鬼神之说，他希望能依靠自己的力量，改变人们对这些自然现象的看法。

　　于是，张衡更加细心地记录天象和地震。后来，张衡更是根据记录下来的地震资料，发明了我国古代第一台测报地震的仪器，叫地动仪。

　　地动仪可是个大家伙，比人还高，用青铜铸造而成。它外观像一个酒坛，四周刻铸了八条龙，龙头分别对着八个方向。每条龙的嘴里还含了一颗小铜球。龙头下面，各蹲了一个张嘴的蛤蟆。要是哪个方向发生了地震，朝着那个方向的龙嘴就会自动张开，咚的一声，铜球掉进蛤蟆嘴里，给人们发出地震的警报。

　　有人可能不相信，古代科技那么落后，怎么可能制造出这么先进的仪器？

　　公元138年的一天，地动仪正对西方的龙嘴突然张开，吐出了铜球。这预示着西部发生了地震。可奇怪的是，那一天洛阳太平得不得了，没有一点地震的迹象。这下可糟了，大家纷纷质疑张衡的地动仪是不是骗人的东西。就连皇帝也产生了怀疑，想着要不要处罚张衡呢！

　　就在几天后，事情有了转机。有人快马加鞭来向朝廷报告，说离洛阳一千多里的地方发生了大地震，连山都震塌了。张衡也终于洗刷了冤屈。

　　除了地动仪，张衡一生还发明了很多东西，如浑天仪、指南车等。这些了不起的发明，都在我国科学史上留下了光辉的一笔。

医圣张仲景

我们知道，感冒生病了，要去看医生。那么古代人生病了怎么办？当然也要去看医生啦。

东汉时期，有一位鼎鼎有名的医学家，叫张仲景。他编写了一部伟大的医书，叫《伤寒杂病论》。这本医书给我们留下了很多珍贵的药方。至今，还有很多感冒药和感冒药方都参考了这本书呢。

说到这里，你是不是很好奇，这个张仲景究竟是个什么样的人？又有着怎样为人传颂的一生呢？

张仲景出生在一个没落的官僚家庭，父亲张宗汉是个读书人，在朝中做官。所以，张仲景从小就有机会接触到许多书。在这些书里，他最喜欢的就是医书。每当他看到扁鹊望诊齐桓公的故事，就幻想有一天能成为像扁鹊那样医术高超、悬壶济世的人。

张仲景长大后，拜一位叫张伯祖的名医为师。跟在师父身边，张仲景像海绵吸水一样，疯狂地吮吸着张伯祖教给他的知识。很快，张仲景成了一个小有名气的大夫。

后来，张仲景被推举做了官。在当时，有一个特别的规定，就是官员不能随便进老百姓的家里，接近百姓。可是不接近百姓，怎能为百姓治病啊？这下，张仲景发愁了。

想来想去，张仲景终于想出了一个好办法。他决定每月初一和十五两天，大开衙门，但不问政事，专门只接待生了病的百姓，为他们治病。

消息一传出去，百姓们无不欢欣鼓舞。于是每逢农历初一和十五，张仲景的衙门前就聚集了来自各方求医的百姓。人们为了感谢张仲景，把他亲切地称为"坐在堂上的医生"。后来，人们沿用这个称呼，就把坐在药铺里给人看病的医生称为"坐堂医生"。

张仲景非常享受为百姓治病的过程，于是在医术上更加精益求精。他搜集了许多民间药方进行研究，还拜访了许多名医，医术也一天比一天精湛。

不过，随着时间的推移，张仲景感到身体大不如从前。他心里想着，一定要把毕生所学以及研究成果记录下来，以供后人阅读和参考。于是，他开始专心整理药方，撰写医书，终于著成了这部伟大的医学名作《伤寒杂病论》。

后来，人们为了纪念张仲景，就把他尊称为"医圣"。

奄奄一息的东汉王朝

YANYAN YI XI DE DONGHAN WANGCHAO

都说皇帝是天底下权力最大的人，
可是东汉末年，
皇帝却被两个人"绑架"了。
这两个人，
一个叫外戚，一个叫宦官。
他们轮流"绑架"皇帝，
把天下搅得一团糟。

张角说："汉朝太腐败了，我要替天行道！"
可惜了，张角死得早。
接着，董卓说："我最牛，谁敢跟我抢？"
大家争不过董卓，都跑得远远的。
这个时候，
吕布悄悄从背后砍了董卓一刀，
啊！董卓倒了下来。
可是天下却更乱了。

黄巾军起义

　　东汉末年，出现了一个奇怪的现象，那就是皇帝大多是小孩子。最小的皇帝，居然出生只有一百多天！这么小的皇帝，可怎么处理朝政呢？当然要大人来辅佐帮忙啦！

　　通常情况下，皇帝年幼就由太后听政。太后掌握朝政，就

会把大权交给娘家人来掌控。太后的娘家人，我们称为外戚。于是就形成了外戚专权的局面。

可皇帝总有长大的一天。等他们渐渐懂事了，不再甘心当傀儡皇帝，就会想办法摆脱外戚的控制。可是依靠皇帝一个人的力量是不够的，必须还要找人帮忙，而且必须不能是外戚的人。

去哪里找这样的人呢？皇帝想来想去，只好从身边伺候自己的人入手。这些人就是太监，也叫宦官。皇帝依靠宦官的力量，扑灭了外戚的势力，可权力又从外戚转到了宦官手里。于是又出现了宦官乱政的现象。

无论是外戚，还是宦官，都是腐朽势力的代表。他们只关注自己的利益，不在乎百姓的生死。再加上外戚和宦官两大集团争来斗去，搅得朝廷上下乱七八糟，东汉的政治也越来越腐败了。

朝廷一腐败，地主豪强就趁机压迫百姓，再加上接二连三的天灾，逼得老百姓没法活下去了，于是他们奋起反抗。

巨鹿郡里有三个兄弟，老大叫张角，老二叫张宝，老三叫张梁。其中张角懂得医道，给穷人治病，从来不要钱，所以穷人都拥护他。

张角看全国各地有那么多饱受压迫的百姓，就想利用宗教把他们团结起来，创造一个真正的太平世界。怀着这样美好的愿望，张角创立了一个叫"太平道"的教会，收了一些穷人家的孩子做弟子，跟他一起传教。

由于张角乐善好施，又为穷人治病，所以人们都相信"太平道"是一个正义的组织，纷纷前来加入。

张角还不满意，又派两个兄弟和弟子们周游全国各地，一面给百姓治病，一面宣扬教义。就这样过了十年，"太平道"传遍全国，几乎无人不知，无人不晓。教徒也发展到几十万人。

　　"太平道"壮大起来，创始人张角觉得时机成熟了，就把大家号召起来起义。起义的时候，所有人头上都裹着一块黄巾当标志，所以又称"黄巾军"。这就是历史上有名的"黄巾军起义"。

　　起初，"黄巾军"跟朝廷大军势均力敌。可在战斗的关键时刻，黄巾军领袖张角不幸病死了。接着，他的两个兄弟，以及一些重要将领也相继战死。"太平道"顿时陷入群龙无首的境地，很快就被朝廷瓦解了。

　　虽然黄巾起义失败了，但是它也给了东汉朝廷沉重的一击。奄奄一息的东汉王朝，眼看就要断气了。

董卓擅权

镇压了黄巾军起义后，东汉王朝元气大伤。后来，汉灵帝去世，年仅十四岁的皇子刘辩即位，这就是汉少帝。按照惯例，皇帝年幼，由太后临朝。何太后掌握朝政后，就让娘家兄弟——大将军何进掌权。

当时，朝中有十个宦官狼狈为奸，人称"十常侍"。之前他们仗着皇帝的宠信，买卖官爵，祸害百姓，没有一个人敢管。之所以发生黄巾军起义，也跟他们有着莫大的关系。

何进上位后，就想杀掉十常侍，彻底剿灭宦官集

我本想叫你进京来帮我啊。

嘻嘻，你太蠢了。

团。于是，他召集了四方军阀来京城讨伐十常侍，其中包括兵力雄厚的西凉刺史董卓。

可没想到，董卓还没进京，消息就传到了十常侍的耳朵里。十常侍为了保命，就假传太后旨意，把何进召进宫里暗杀了。

何进有个手下叫袁绍，得知何进被杀的消息后，心想这些宦官下一个要对付的目标肯定是自己，就派弟弟袁术去宫里剿灭宦官。

袁术跑到皇宫门口，放了一把火，把大门烧了。兵士趁机冲进宫里，不分青红皂白，见了宦官就杀。在整个过程中，有些人因为没有胡须，也被当成宦官杀掉了。

经过这场宦官和外戚的火拼，双方两败俱伤。就在这个时候，董卓带兵进了洛阳。

董卓本来就是个野心勃勃的人，见局势一片混乱，就想趁机掌握大权。可是他的人马不够，怕压不住洛阳的官兵，就想了个鬼主意。趁夜深人静的时候，他偷偷把人马转移到城外，第二天再大张旗鼓地开进来。

一连过了好几天，洛阳人都以为董卓调来了一支大军，对他忌惮不已。

何进原来的手下见董卓财大气粗，心想大树底下好乘凉，纷纷前来投靠他。很快，董卓就掌握了洛阳的兵权。为了更好地掌控大权，他不顾大臣反对，废掉汉少帝，另立少帝的弟弟陈留王刘协为帝，也就是汉献帝，封自己为丞相。

然而，权力的更迭并没有使东汉王朝变得更好。董卓是极其残暴的家伙。他纵容士兵杀害无辜百姓，还迫害大臣，把洛阳搞得一团糟。

王允设计除董卓

前面我们讲了，野心家董卓进京后，就掌握了朝廷大权，后来又把都城迁到长安，自称太师，还让汉献帝尊称他为"尚父"。不仅如此，他还把董家人都封了大官，就连刚出生的婴儿也封了侯。

为了更好地享乐，董卓还征调了几十万民夫，在离长安二百多里的地方，建了一个城堡，称作郿坞（méiwù）。又把从百姓那里搜刮得来的美女、金银、粮食都贮藏在里面，过着无法无天的逍遥日子。

大臣谁敢对他不满，他当场砍掉那人的脑袋，放在托盘里，给其他大臣观看。文武大臣们一个个胆战心惊，为了保命，都想除掉董卓。

不过，要暗杀董卓可不是件容易的事情。因为董卓身边有个超级保镖——吕布。

　　吕布是一位有名的勇士，力大无穷，武艺高强，善于射箭骑马。董卓看中他的武艺，就把他收为干儿子，让吕布随身保护他。董卓走到哪里，吕布就跟到哪里。人们虽然把董卓恨得牙痒痒，但因为忌惮吕布的勇猛，不敢贸然对董卓下手。

　　朝中有个司徒，名叫王允。他知道要除掉董卓，必须先过吕布这一关。于是，他故意接近吕布，跟他交朋友，还常常邀请他来家里喝酒聊天。吕布头脑简单，以为王允是真心对待自己，就道出自己和董卓的一些事情。

　　原来，董卓性格暴躁，经常会冲着吕布发火。有一次，吕布顶撞了他，他竟然二话不说，捞起一把长戟扔了过去。要不是吕布身手矫健，侧身躲过这一戟，一定血溅当场。那一次，董卓的行为让吕布很寒心。

　　王允听吕布这么说，心想机会来了，就劝说吕布协助自

竟然是你……

己杀了董卓，为民除害。

刚开始，吕布不肯答应，说："他毕竟是我义父，杀了他，怕会惹人非议。"

王允就说："将军姓吕，他却姓董，本来就不是一家人。再说了，董卓拿戟丢向你的时候，哪有什么父子之情？"

吕布茅塞顿开，决定跟王允合作。

不久，汉献帝在未央宫召见大臣，当时董卓正在郿坞，就带着人马浩浩荡荡赶往长安。一路上，为了防止有人行刺，董卓不但在朝服里面穿上铁甲，还派士兵密密麻麻地排成一条夹道，护在马车两旁，并让吕布带着长矛在他身后保护他。

可董卓没想到，这次来刺杀他的不是别人，正是吕布！

当董卓的马车一进宫门，就有一群士兵围上来，拿长戟往他身上刺。董卓由于穿了铁甲，戟刺不进去，只伤了手臂。他跳下马车，高声呼唤着："我儿吕布在哪里？"

吕布从马车后走出来，高声宣布："我奉皇帝旨意，讨伐贼臣董卓！"

董卓目瞪口呆，这才知道吕布背叛了自己，惊恐地想要逃跑，可已经来不及了。吕布举起长戟，刺穿了董卓的喉咙。一个眼尖的武将趁机上前，割下董卓的头。

吕布左手拿戟，右手从怀里取出诏书，向大家宣布："皇上有令，只杀董卓，其他人等不予追究。"

董卓的手下听了，纷纷高呼万岁。

董卓死后，长安的百姓都跑到大街上欢呼，载歌载舞。有的人还把衣服和首饰变卖，换了酒肉回家庆祝。

到此为止，恶贯满盈的董卓终于落得可耻的下场。

乱世造英雄

LUANSHI ZAO YINGXIONG

时局越乱，
就越有可能造就英雄，
他们或有雄才大略，
或善于运筹帷幄，
或任人唯贤，
或武力超群，
他们都在历史上留下了属于自己的足迹。

我们常说，
不同的抉择，
造就了不同的结果。
对于这些乱世英雄来说，
也是一样的。
吕布反复无常，最终丢了性命。
而刘备低调隐忍，
曹操善于用人，
最终他们都成就了一番霸业。

反复无常的吕布

董卓死后，朝廷对全国各州郡失去了控制，东汉政权已经名存实亡。趁这个机会，一些大军阀就抓紧时间招兵买马，抢夺地盘，天下陷入一片混乱。在这乱世之中，涌现出了许多传奇的英雄人物。

首先，我们来说说有"天下第一勇士"美誉的吕布。在当时，很多人提起吕布，都是一副鄙视的样子。为什么呢？原来吕布这个人虽然勇猛，可却是个反复无常、不讲道义的人。

吕布在跟董卓之前，本来是丁原的手下。丁原非常器重吕布，对他就像亲儿子一样。可是董卓进京后，拿点金银财宝一诱惑，吕布就叛变了，亲手杀了丁原，拜董卓做了义父。可是没过两年，吕布又把董卓杀了。

瞧瞧，这就是天下第一勇士干的好事。

说到这里，你是不是对吕布的品行很失望？

吕布三番两次杀害主人的事，被当时的英雄豪杰们看在眼里，他们都暗暗对这个人提高警惕。吕布杀了董卓后，本来想去要投靠袁术。可袁术早就听说吕布这个人反复无常，无法对主子忠心，就拒绝他的投靠。

吕布只好又去投靠袁术的哥哥袁绍。袁绍正好缺人，见吕布是员猛将，就把他收下了。不久，两人联手大破张燕的黑山军。

吕布立了功，就开始骄傲了，要袁绍给他更多的军队。袁绍又不是傻子，就拒绝了。吕布手下的将士也经常抢劫军队，掠夺百姓的财物。这引起了袁绍的不满。袁绍知道吕布终有一天会威胁到自己，就想暗中除掉他。

吕布也怀疑袁绍要杀他，就派人在营帐中装成自己的样子。半夜时分，袁绍派出刺客冲进营帐，举刀乱砍吕布的床，见床上鲜血直流，以为把吕布砍死了。可第二天早上一看，才发现砍死的是吕布的替身。

　　袁绍得到消息后，立即下令关闭城门，再次派兵追杀吕布，可还是没成功。

　　后来，吕布又跑去徐州投靠刘备。刘备为人性格宽和，重情重义，并不嫌弃吕布三番五

我这么帅，究竟要忠于谁呢，好纠结哦。

次叛变，收留了他。人们心想，这一回，吕布该安定下来了吧？

　　吕布很快给出了答案。不久，袁术前来攻打徐州，打了一阵没打下来。袁术很清楚吕布的为人，就偷偷写信给他，承诺送上二十万斛大米，让他偷袭徐州。吕布见利忘义，完全不念当初刘备的收留之情，成功夺取了徐州，俘虏了刘备一家妻小。

　　刘备兵败如山倒，万般无奈之下，只好向吕布投降。这时，吕布见袁术许诺的粮草迟迟没有运来，非常恼火，就接纳了刘备，派他驻守离徐州不远的小沛。

　　过几天，袁术派人来打刘备。吕布心想如果袁术消灭刘备，进一步就会威胁到自己，于是主动帮刘备解围。这时，吕布看起来又跟刘备联合在一起了。

　　可袁术不干了，认为这两个人联手太强大了。他也想联合吕布，让他为自己卖命，于是向吕布提出，让自己的儿子娶吕布的女儿，两家人变成一家人。

　　有人会想，吕布应该不会同意吧？袁术之前许诺的粮草还没送来呢，是个超级言而无信的家伙！

　　可令人意外的是，吕布竟然同意了袁术的建议，放弃了刘备这个盟友。

可是，就在袁术派人来迎亲的时候，吕布又反悔了，把已经被接走的女儿追了回来，还杀死了袁术的使者，用来表示自己对朝廷的忠心。

这下，袁术跟吕布之间可结了大仇。吕布再也不可能再跟袁术结盟了吧？

没想到，公元198年，吕布再次反叛朝廷，跟袁术结盟，又一次展示了他反复无常的性格。

同年，曹操亲自领兵攻打吕布，总算把他捉住了。吕布被捆到曹操面前，抱怨绳子太紧，请求松一松。

曹操笑着说："捆老虎不得不紧。"

吕布又表示愿意归顺曹操，说："曹公得到我，就可以统一天下了。"

曹操听了有点心动，一旁的刘备却说："曹公难道没有看到丁原和董卓的下场？"

吕布气得破口大骂："大耳朵的刘备最不能相信。"

曹操也害怕吕布的反复无常，于是当机立断，下令杀了吕布。

就这样，英勇无双的吕布，终于因为他的反复无常，不能忠心侍主而得到了应有的下场。

煮酒论英雄

在这个故事里，我们要说的不止一个英雄人物，而是两个。他们分别是曹操和刘备。

曹操出生在一个宦官家庭，从小机敏能干，诡计多端。曹操年轻的时候，有人看了他的面相，这样评价他："治世之能臣，乱世之奸雄。"就是说，如果天下太平，他能成为辅佐帝王的贤臣；假如天下大乱，他能成为一代枭雄。

后来董卓专权，曹操就号召全国各地的军阀共同讨伐董卓，把董卓从洛阳赶到长安。

再后来，董卓被吕布杀害，曹操又杀了吕布，大权就落到了曹操手中。曹操把都城迁到许昌，建了个宫殿给汉献帝住，并以皇帝的名义，向天下诸侯发号施令。这就是"挟天子以令诸侯"。

刘备是西汉皇室的后代，论辈分，还是汉献帝的叔叔呢。但因为父亲死得早，家里穷得揭不开锅，刘备只好靠卖草鞋过日子。

刘备虽然家境贫寒，但却胸怀大志，喜欢结交天下豪杰。黄巾军起义爆发后，刘备就组织了一队人马，前去攻打叛军。就这样，在乱世之中，刘备渐渐崛起了。

后来，刘备被吕布打败，只好去投靠曹操。刘备表面对曹操顺服，但其实他早已经接受了小皇帝的密诏，准备联合几位大臣除掉曹操。

曹操天生是个多疑的人，他对刘备放心不下，就想找机会试探一下他。

有一天，曹操请刘备来他家的花园里喝酒。一见到刘备，曹操就饶有趣味地说："我听说你

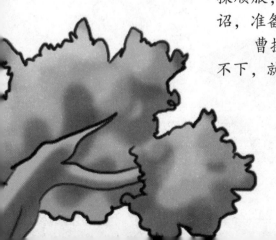

在家里做了件大事。"

刘备吓得脸色惨白，心里疑惑着：难道曹操发现了密诏的事？

正当刘备不知道如何应对时，曹操哈哈大笑，说："听说你在学种菜，难道这不是一件大事吗？"

刘备听后，才轻呼了一口气，跟随曹操走进凉亭。只见桌上早已摆好了各种酒器，还有满满一盘青梅。曹操将青梅放入酒中，放在小灶上煮起来。

曹操一边煮着青梅酒，一边假装不经意地问刘备："当今世上，谁能称得上英雄？"

刘备装作胸无大志的样子，随口说了几个人。但这几个人都被曹操否定了。刘备只好谦虚地向曹操请教："将军认为谁才是真英雄呢？"

曹操笑容满面地看着刘备说："这天下能称得上英雄的，就只有你和我。"

刘备一听，吓得手中的筷子都掉了。几乎在同时，天上雷声大作。刘备灵机一动，赶紧钻到桌子下面捡筷子，说："这雷声太响，吓得我的筷子都掉了。"说完，还假装捂着胸口，表现出一副受到惊吓的样子。

曹操看他这副没出息的样子，忍不住笑了，问："大丈夫也怕雷？"

刘备从容地回答："圣人也怕雷，更何况是我呢？"

经过这次煮酒论英雄事件后，曹操认为刘备是一个胸无大志、胆小如鼠的人，也就不再防备他了。但刘备心里明白，如果长时间待在曹操身边，迟早会露出马脚，就借一次领兵出征的机会逃跑了，投奔了荆州的刘表。

官渡之战

刘备逃走后，袁绍开始感到害怕了。他害怕什么呢？他怕日益强大的曹操终有一天会对他下手。于是，袁绍就想趁早消灭曹操。

袁绍聚集了十万兵马，向曹操发动进攻。双方打了两场仗，结果每次袁绍都吃亏。

袁绍气得哇哇叫，不听劝告，下令集中兵力追击曹军，一直追到官渡这个地方，才停下来安营扎寨。东汉末年三大著名战役之一的"官渡之战"，就这样拉开了序幕。

双方开始对峙，谁先动手呢？当然是按捺不住性子的袁绍。袁绍见曹军死守营垒不出来，就吩咐兵士在曹营外面堆起土山，筑起高台，居高临下向曹营射箭。袁军一天射到晚，曹军在军营里走来走去时，只好用盾牌遮住身子。

局势对曹军来说，是非常不利的。敌人居高临下，占尽了地理优势。怎么办呢？

这时，曹操跟谋士们商量，设计一种霹雳车来对付袁绍。这种车上装有机关，当兵士们扳动开关时，能把十几斤重的石头发出去。大石头从天而降，不仅击垮了袁军的高台，还把士兵们打得头破血流。

袁绍恨得牙痒痒，让兵士趁夜偷偷地挖地道，打算像土拨鼠一样钻到曹营去偷袭。袁绍以为这一切神不知鬼不觉，殊不知早被曹操发现了。曹操安排兵士在军营前挖了一条又长又深的壕沟，把地道的出口给截断了。

就这样见招拆招，袁绍和曹操在官渡相持了一个多月，谁也拿谁没办法。

这时，曹军的粮食开始告急，而袁绍的军粮却源源不断地运来。曹操心里暗暗着急，就在这时候，袁绍军中有人叛变了。这人名叫许攸，是袁绍手下的一个谋士，跟曹操是老相识。许攸发现跟着袁绍没前途，就连夜逃出袁营，前来投靠曹操。

　　当时，曹操刚脱下靴子，正准备睡觉，一听许攸来了，高兴得光着脚就跑出来迎接许攸。

　　两人坐下后，许攸问："将军还有多少粮食？"

　　曹操说："可以吃上一年。"

　　许攸冷笑着说："没有那么多吧！"

　　曹操赶紧改口说："吃上半年应该没问题。"

　　许攸听了，假装生气说："难道您不想打败袁绍吗？为什么在老朋友面前还要说谎？"

　　曹操只好如实地说："只能维持三天了，不知您有什么妙计？"

　　许攸满意地点了点头，说："袁绍的粮食、军械，全都放在乌巢。您只要带一支人马前去偷袭，烧光他的粮食，不出三天，他就不战自败了。"

    曹操欣喜若狂，吩咐手下将领守好军营，亲自带领五千骑兵，连夜赶到乌巢，找到袁绍藏军粮的地点，放了一把火，把粮草全给烧了。

    袁军听说军粮全都被烧了，军心大乱。曹军趁机发动猛攻，把袁军打得四处逃散。袁绍趁着一片混乱，带领八百多骑兵向北逃走了。就这样，曹操取得了官渡之战的胜利，并消灭了袁绍的主力。

    两年后，袁绍病死了。曹操逐渐消灭了袁绍的残余势力，统一了北方。

曹操的敌人

CAOCAO DE DIREN

东汉末年，战火不休。

尔虞我诈的斗争中，

谁才是真正的英雄？

满脸狡黠的曹操一登场，

各方英雄都要抖上一抖。

那么曹操天下无敌了吗？

他摇摇头说：不，我还有敌人。

跟曹操煮酒论英雄的刘备，

为了对付曹操，三顾茅庐请出了诸葛亮。

了不起的孙家兄弟——孙策和孙权，

为了对付曹操，跟刘备联手了。

这下子，曹操可要小心了，

这两个强劲的敌人联起手来，

在一场赤壁之战中，差点把曹操消灭了。

曹操叹了口气："不是我不够出色，是敌人太强大了。"

刘备
我是你的敌人。

啊？你不是只会种菜吗？

曹操

我也是你的敌人。

诸葛亮

我就知道你们俩是一伙的。

哈哈，我也是你的敌人。

孙权

呜呜，不要这么多强大的敌人啊！

刘备三顾茅庐

刘备逃离曹操后，在荆州刘表那里住了下来。刘表把他当贵宾一样招待。可过这样安逸的日子，并不是刘备的理想。他时常为不能实现抱负而暗自神伤。

有一天，一个叫徐庶的读书人前来投靠刘备，并向他推荐了一个朋友，叫诸葛亮。

刘备一听，高兴得不得了。他早就听说得诸葛亮者可得天下，只是一直不知道他在哪里。这不，诸葛亮的朋友送上门来了！

刘备从徐庶口中得知诸葛亮住在隆中后，就带着兄弟关羽和张飞，一起去诸葛亮的小茅屋拜访。谁知诸葛亮故意躲开了，叫刘备三人扑了个空。关羽和张飞都生气了：好家伙，千里迢迢来拜访你，你不请我们吃饭也就算了，还故意不在家。

刘备却不生气，耐着性子让书童转告诸葛亮，说下次再来。

过了几天，刘备又带上关羽和张飞去小茅屋拜访诸葛亮。可很不巧，诸葛亮这次出去游山玩水了，刘备再次扑空！

关羽和张飞气得牙痒痒，可刘备仍然没有生气。他认为诸葛亮越是这样做，就代表这个人越不简单。于是，他给诸葛亮留下一封信，真诚地表达了希望诸葛亮帮助自己的愿望。过了一段时间，刘备心想诸葛亮应该看到了自己的信，就再次去拜访诸葛亮。第三次造访，刘备终于见到了诸葛亮。

诸葛亮被刘备的诚意打动，请他进屋，为他分析了当今的局势。刘备听后，打从心底里佩服诸葛亮的分析，诚恳地请求诸葛亮跟自己下山。诸葛亮答应了，于是跟着刘备下山，从此尽心辅助刘备。

有了诸葛亮，刘备如虎添翼，成了曹操最大的劲敌。

了不起的孙家兄弟

想得美。

孙郎一表人才，如果是我儿子就好了。

　　诸葛亮在跟刘备分析天下大势的时候，提到了一个厉害的角色——孙权，并建议刘备联合孙权来打压曹操。那么，这个孙权到底是谁？有多厉害呢？

　　当曹操和袁绍在北方打得正欢的时候，南方有一股势力逐渐壮大起来。他们就是孙策、孙权兄弟。

　　兄弟俩的父亲叫孙坚，原本是袁术的部下，勇猛善战，人称"江东猛虎"。孙坚死后，孙策就带着兵马投靠袁术。袁术很喜欢孙策这个少年才俊，说："我要是有孙郎这样的儿子，就死而无憾了。"话虽这么说，可袁术并没有重用孙策。

　　孙策想到自己前途灰暗，很不甘心，就想自己单干。于是，他带着一千人马离开袁术，打算回江东发展。孙策一路上招揽人马，很快队伍就扩充到五六千人。孙策有个从小一起玩耍的小伙伴，名叫周瑜，也带着人马前来投奔他，这使孙策的力量得到了进一步的壮大。

孙策管理军队是出了名的严格，部下纪律严明，从不欺负百姓，不拿百姓一针一线，这为孙策赢得了民心。很快，江东六个郡的大片土地，都被孙策占领了。

孙策野心勃勃，还想带兵杀向北方，可就在这个时候，发生了一件意外。有一次，孙策上山打猎，没想到仇家就埋伏在那里，刺客趁孙策不注意，放了一支暗箭，射中了孙策的脸颊，顿时鲜血直流。

孙策回到军营，已经奄奄一息了。在咽气前，他把权力交给弟弟孙权，对他说："打江山你可能不如我，但治理江山我不如你。我死后，你一定要守住江东的基业啊。"

说完，孙策就死了。孙权在床前哭得非常伤心，可将军张昭劝住了他，叫他立刻换上官服，骑马去军营里巡视，并派人通知驻扎在外地的周瑜。周瑜连夜赶回来，跟张昭一起稳住了局面。

孙权记住哥哥临终前的话，四处招揽人才。很多人听说孙权任人唯贤，纷纷来投靠他。一时间，江东人才辈出，呈现出一片欣欣向荣的景象。而孙权也成了曹操另一个强大的对手。

江南水乡

赤壁之战

　　一般打仗，肯定是人多占优势。但历史上也有很多以少胜多、以弱胜强的例子。赤壁之战就是其中一个典型。

　　公元208年，曹操平定北方以后，就将目标锁定在南方。他率领二十万大军，来荆州攻打刘表。可曹军还没走到荆州，刘表就病死了。刘表的儿子刘琮（cóng）胆小如鼠，听说曹军声势浩大，竟然主动投降了。

　　当时刘备正在驻守樊城，听说曹操来了，赶紧带着军队往后撤退。荆州的百姓听说刘备仁义，也跟着他一块撤退。

　　可刘备带着百姓撤退走得很慢呀，很快就被曹操的军队追上了。好在张飞在长坂坡抵挡了一阵，刘备才得以摆脱追兵，一路退到夏口。

　　没过几天，曹操又快追到夏口了。诸葛亮见情况紧急，就主动请缨，去江东寻求孙

我真的太小看你们了。

权的帮助。刘备同意了。

　　诸葛亮日夜兼程赶到江东，见到了孙权，表明了来意，可孙权却犹豫不决，诸葛亮就跟孙权说："曹操野心勃勃，等他打败了刘备，一定会来攻打东吴，到时候你后悔就来不及了。"

　　孙权觉得诸葛亮说得非常有道理。帮助敌人的敌人就是在帮助自己啊！于是，孙权决定跟刘备合作，命周瑜为都督，拨给他三万水军，去协助刘备抵抗曹操。

　　周瑜走到赤壁，遇到了曹军的前哨。双方打了一仗，曹军由于水土不服，吃了个败仗，被迫退到长江北岸，与南岸的五万孙、刘联军对峙。

　　曹操的士兵是北方人，坐不惯船，很多士兵都晕船吐了，这样下去可没法打仗。

　　为了解决这个问题，曹操就采用了一个好办法，用铁索把所有的船拴在一起。这样一来，船果然平稳不少，士兵也不再晕船了。

周瑜的部将黄盖见了，就给周瑜出了个主意："曹操的兵马太多了，跟他耗下去，吃亏的肯定是咱们。趁现在曹军的船连在一起，我们点一把火，把他们的船烧了。"

可是曹操会让他们轻易烧掉自己的战船吗？

当然不会，为了取得曹操的信任，周瑜和黄盖俩人假装意见不合。黄盖顶撞了周瑜，周瑜就把黄盖狠狠地揍了一顿。黄盖挨打之后，就派人写信给曹操，表示要脱离东吴，投奔曹操。

曹操知道黄盖被打了，就没有产生怀疑，开开心心地接纳了他。

于是，黄盖在一个刮着东南风的夜晚，带着士兵们坐着船，假装投靠曹操。他们乘坐的这十艘大船，每艘都装满枯枝，浇上火油，外面裹着幕布，作为伪装。十艘大船后面还跟着一批小船，用来在点火之后，供士兵们逃生。

就在快到达曹营的时候，黄盖把油点燃，和士兵迅速转移到小船，挥刀一砍，火船犹如火龙般飞向曹军的连环船。一只船起了火，其他拴在一起的船也都跟着起火。借着风势，大火迅速蔓延开来。很多曹兵都被烧死了，还有一些跳江的，由于不会水性，也淹死了。

周瑜一直在南岸观望，一看北岸起火，马上领兵渡江，把曹军杀得七零八落。曹操拖着残兵败将，从小路逃跑了。

在这场赤壁大战中，曹操的二十万大军损失了一大半。曹操见形势不利，只好带兵回北方去了。从此，曹操、刘备和孙权三方分立的局面基本形成。

三国英雄

SANGUO YINGXIONG

在风起云涌的三国时期，
也涌现了不少英豪，
有刮骨疗伤的关羽，
有以一敌百的赵子龙，
还有不惧强权的华佗。
一个个精彩的故事，
一幕幕精彩的画面，
构建了三国这个传奇的时代。

关羽刮骨疗伤

提到三国英雄，就不得不提关羽。关羽是刘备手下的一员大将。他不仅忠义，而且武艺十分高强。

有一次，关羽去攻打樊城，被城头曹仁的弓箭手射了一箭，刚好射中右手臂，从马上掉下来。幸好这时，关羽的儿子关平带着人马冲过来，一阵厮杀，把父亲救上马，带回军营。

回到军营，关羽拔掉手臂上的箭头，顿时涌出一股黑血。糟糕，原来箭上有毒，毒已入骨，导致关羽整个右臂青肿，无法动弹。

部下都劝关羽回荆州接受治疗，可关羽拒绝了。他一心想攻下樊城，怎么也不肯离开军营。部下们只好四处为他寻找名医。

这时，一个叫华佗的神医主动找上门来了。华佗仔细检查关羽的伤口后，说毒液已经入骨，需要刮骨疗伤。就是将肌肤割开，用刀子把骨头上的毒刮下来。

一般人听了这话，多半吓得尿裤子了，可关羽

将军，你好勇敢！

却面不改色，只说了一句："请吧。"

华佗担心关羽害怕，建议立一个柱子，柱子上吊一个环，把关羽的胳膊套在环里，用绳子捆紧，再盖住他的眼睛。

关羽听后，哈哈大笑，说："不用捆，你尽管帮我治就是。"

于是，华佗用刀切开关羽的皮肉，刮去骨头上的毒液，瞬间血流如注。在场的人都吓得捂住眼睛。只有关羽神情自若，一边饮酒，一边下棋。

刮完之后，华佗帮关羽敷上药，缝合了伤口。关羽哈哈大笑着对众人说："这神医真是神了，你们看，我的胳膊可以动了，跟从前一样。"

华佗也感叹地说："将军是我见过最了不起的人。"

张飞一人吓退千军万马

要说刘备的好帮手，除了关羽就是张飞张翼德了。这人虎背熊腰，眼似铜铃，嗓门大得吓死人。

曹操率领大军南下的时候，刚开始，刘备打不过，只好拼命逃跑，逃到长坂坡以东二十里的地方，眼看就要被曹军追上了。在这万分紧急的关头，张飞主动请求带一支骑兵去断后。

张飞来到当阳桥，发现周围有一片茂密的树林，眼珠子一转，想了个好办法。他让士兵把树枝绑在马尾上，骑马在树林里来回奔跑，扬起大片尘土。自己走到桥头，手拿

胆小鬼，居然被我吓死了。

丈八蛇矛，竖着眉，瞪着眼，威风凛凛地站着等曹操。

没一会儿，曹操就领着大军赶到了。他往张飞身后一看，只见漫天尘土飞扬，心里有些打鼓："怎么回事？难道树林里有伏兵？"于是不敢贸然进攻。

张飞大吼一声："我乃燕人张翼德！谁敢与我决一死战！"他这一声吼，轰隆隆像打雷一样，吓得曹军腿都软了。

曹操嘱咐将领们说："关羽曾经跟我说过，张飞在百万军中取敌方将领的脑袋，就像囊中取物一样简单，你们可要小心了。"

张飞不知曹操嘀嘀咕咕说些什么，心里有些不耐烦，瞪着一双铜铃眼，又大吼一声："燕人张翼德在此！谁敢与我决一死战？"这声音惊天动地，把曹军吓得魂飞魄散，纷纷后退。

曹操也有些害怕，心里想着要不退兵算了。

张飞趁机又大吼一声："打又不打，退又不退！到底想怎么样！"张飞一吼完，只听"扑通"一声，曹操身边的夏侯霸吓得肝胆破裂，从马上摔了下来。几个士兵赶紧去扶他，谁知这一扶发现，夏侯霸已经没气了。

哈哈，一员曹军大将，竟然被张飞的大嗓门活活吓死了，是不是很好笑呢？

曹操可不觉得好笑，他调转马头就跑。见曹操都跑了，曹军一窝蜂拔腿就往回跑，武器盔甲丢了一地。张飞这才松了口气，回去和刘备他们会合去了。

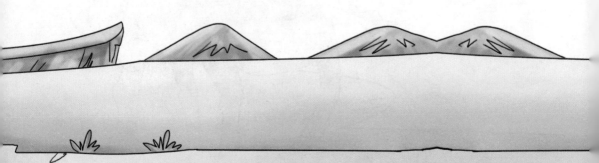

赵子龙单枪匹马救阿斗

张飞拼了性命，在当阳桥为刘备断后，这时，刘备手下另一员猛将赵子龙做出了一个奇怪的举动。他不但没有撤退，反而朝敌人的方向跑了，这是为什么呢？

有人说，赵子龙叛变啦。他见曹军声势浩大，去投奔曹操啦。

这话要是被刘备听到，他一定会大骂你一顿。因为在他心里，赵子龙赤胆忠心，是绝对不可能叛变的。

果然，赵子龙往曹军那边跑，不是去投降，而是去寻找刘备的儿子小阿斗。

赵子龙骑着白马，手拿长枪，左右杀敌，终于在一堵矮墙后面找到了刘备的妻子糜夫人，而小阿斗正在她怀里挣扎着。

赵子龙走上前，要扶起糜夫人上马。可糜夫人身受重伤，说什么也不肯上马，挣开赵子龙，把阿斗交到他手里，投向了身边的一口枯井。

赵子龙悲伤不已，紧紧地把阿斗搂在怀里，又用力推倒井边的矮墙，盖住井

你们快走，我不能拖累你们。

口，才带着阿斗跃上白马，一路杀回去。

山顶的曹操见了，大吃一惊，朝山下大喊："将军请留下姓名！"

赵子龙头也不回地说："常山赵子龙！"

曹操点点头，吩咐将士不许放箭，要抓活的。曹军听了，纷纷来捉拿他。赵子龙怀里抱着阿斗，很难应战。于是，他拿着粗布条，把阿斗绑在后背，然后拿着长枪，奋力迎敌，终于杀开一条血路，把阿斗安全地送回刘备身边。

从此以后，赵子龙单枪匹马救幼主，以一敌百的英勇故事也传为佳话。

一代神医华佗

三国时期，有一位家喻户晓的神医，名叫华佗。华佗医术了得，不但擅长内科，还能给病人开刀呢。

可动手术需要用麻醉药啊，不然病人受不了，病还没好，就疼死过去了。于是，华佗就配制了一种麻醉剂，叫麻沸散，专门用来麻醉病人，跟现代的麻醉药差不多，非常厉害。

听到这里，有人可能会说，不是要讲三国英雄的故事吗？怎么说起医生来了？

其实，华佗不仅是一位悬壶济世的名医，也是一条铁骨铮铮的汉子呢。

曹操患有头风病，每次发病的时候，头痛欲裂，生不如死。他听说华佗医术高明，就把他请来。华佗随便扎了几针，曹操的头就不痛了。于是，曹操许诺华佗荣华富贵，叫华佗留下来，做自己的专属医生。

华佗很不愿意。他有一个心愿，就是给天下人治病，而不是只照顾一个病人。

可是曹操才不管这些呢，他把华佗强行留在了自己身边。

华佗被限制了人身自由，可依旧没有放弃自己的理想。有一次，华佗跟曹操说，要回家探亲，顺便取点药。曹操没有怀疑，让他走了。

可曹操没想到，华佗一去就没打算再回来了。他托人给曹操带了一封信，说妻子病重，得在家里照顾她。

曹操很不高兴，可人家妻子病重，也不好说什么，只好不断派人去催。

催的次数多了，曹操就产生了怀疑，于是派了个使者到华佗的家乡去调查，并吩咐使者，如果华佗妻子确实有病，就送他点粮食，以表我的心意；要是华佗撒谎，你就直接把他抓来。

使者跑到华佗家里一看，果不其然，华佗的妻子根本就没病，于是把华佗强行抓走了。

曹操见华佗欺骗自己，盛怒之下，把华佗杀了。华佗死后，很多他亲笔撰写的医书也失传了。

三国争霸

SANGUO ZHENGBA

数学老师说，
三角形是最稳定的。
那么，历史也是这样吗？
三国鼎立的局势，会跟三角形一样稳定吗？
答案是否定的。

俗话说，一山不容二虎，更何况是三个？
于是这三头大老虎，谁也不服谁，
天天打架。
打来打去，三头大老虎都死了，
小老虎们接着打。
然而打到最后，谁都没有占到便宜。
天下这块香喷喷的大蛋糕，
居然被一个姓司马的狐狸端走了。

陆逊火烧连营

曹操在赤壁吃了个大败仗，灰溜溜地回北方去了。但他并没有放弃，他一面在北方积极地整顿军马，一面咬牙切齿地想：刘备、孙权，你们等着，我还会再回来的。

只可惜，曹操命太短了，还没到那一天，就先死了。

曹操死后，把位子传给儿子曹丕。曹丕可不是个省油的灯，一看大权在握，居然称帝了。他建立了一个新的国家，叫魏国。

消息传到汉中，人们议论纷纷，都说汉献帝肯定已经被曹丕杀害了。

刘备认为有道理，就为献帝举行了丧礼。大臣们认为既然汉献帝已经死了，刘备又是汉家皇室后代，就应该接替皇位。于是，刘备也称帝了，建立了蜀国。

孙权不甘落后，过了几年也称帝了，建立了吴国。

就这样，历史进入了三国争霸时代。

再说刘备，称帝后的第一件事，就是去东吴找麻烦。原来，就在不久前，关羽大意失荆州，被孙权杀害了。刘备对这件事一直耿耿于怀，就想攻打东吴，为关羽报仇雪恨。于是，刘备带着满腔的仇恨，领着大批蜀军杀向了东吴。

孙权一看刘备这架势，有些害怕了，赶紧派人求和。可刘备已经被报仇冲昏了头脑，一口拒绝。

没过几个月，刘备就攻占了东吴五六百里土地。尝到甜头的刘备，一路翻山越岭，深入东吴腹地。

东吴将士见蜀军步步紧逼，恨不能和蜀军大战一场，可是大都督陆逊却不同意。

刘备带着军队继续前进，沿路扎下几十个大营，又用树木编成栅栏，把大营连在一起，前前后后长达七百里，非常壮观。

陆逊依然按兵不动，双方就这样僵持了半年。

刘备有些不耐烦了，就派了一小队人马冲下山，向吴兵挑战。同时，在附近的山谷里埋了八千伏兵。

蜀军下了山，扎好营寨后，就出来挑衅吴军，大骂东吴将士是无胆鼠辈。东吴将士一听，气得牙痒痒，要求马上出击。可陆逊却笑笑说："蜀兵一定在周围山谷里埋有伏兵。我不上他们的当。"可东吴将士却不相信。

刘备见东吴兵始终不肯交战，知道计谋被人识破了，只好

把伏兵陆陆续续地撤出来。东吴将士见了，都夸陆逊有先见之明。

又过了好些日子，陆逊突然召集将士，说："是时候出去了。"

可将士们想不通的是，要打为什么不早点打。如今刘备把主要的关口、要道都占领了。现在才打过去，会不会吃亏啊？

陆逊笑着说："不要紧，我们耗了刘备这么久，蜀军早已经人疲马倦了，现在打过去正是时机。"

当天晚上，陆逊就命令将士带着茅草和火种，埋伏在蜀营附近的树林里。到了三更时分，陆逊一声令下，几万吴军冲进蜀营，把蜀营的木栅栏点燃了。刚好又刮起大风，木栅栏很快噼噼啪啪地烧成一片。

由于蜀军的营寨是连在一起的，一个营寨着火，附近的营寨都跟着起火。蜀军在大火中四处逃生，哪里还顾得上战斗啊！就这样，吴军不费吹灰之力，就攻破了刘备的四十多个大营。

刘备在士兵的掩护下，好不容易冲出火网，仓皇逃跑，一路逃到白帝城。

经过这场大战，原本气势磅礴的蜀军几乎全军覆没。刘备不但没能为关羽报仇，还把军队给搭进去了。

刘备非常后悔，整天郁郁寡欢，终于在一年后病死了。

临死前，刘备找来诸葛亮，对他说："我死之后，蜀汉就全靠你了。你的才能胜过曹丕十倍，一定能安邦定国。不知道我儿阿斗能不能成器，你要是觉得他行，就辅佐他；你要是觉得他不行，就自己来当这个皇帝吧。"

诸葛亮哭着拜倒在地上，说："主公，您放心，我一定会像辅佐您一样辅佐太子。"

就这样，继曹操之后，刘备的人生也落下了帷幕。

诸葛亮七擒孟获

刘备死后，诸葛亮没有辜负他的期望，赶紧回到成都，扶助刘备的儿子刘禅登基。

刘禅即位后不久，南中地区的几个郡一听说刘备死了，就闹起了独立。

诸葛亮心里暗暗着急，决定亲自领兵去南中平叛。出发前，一个叫马谡（sù）的参军来送行，对诸葛亮说，南中这个地方，地势险要，离蜀国都城又远。即使今天把他们征服了，说不定明天他们又要造反。与其征服土地，还不如征服民心。

诸葛亮认为他的话很有道理，就点点头说："好，就照你说的办。"

由于做好了充足的准备，诸葛亮率军进入南中后，连连打了胜仗。很快，多数叛军都被剿灭了，只剩下一个顽强的敌人——孟获。

孟获是南中地区的一个部落酋长，不但骁勇善战，还在当地很有威望。他振臂一呼，就有很多人前来追随他。

这时，诸葛亮想起马谡的话，就下令：不许伤害孟获，要活捉了他！

于是，诸葛亮和孟获展开了一场有趣的斗智斗勇的游戏。

第一次，蜀军和孟获军队交锋的时候，诸葛亮下令，叫蜀军假装战败，往后撤退。孟获想也没想就追上去，结果中了蜀兵的埋伏。等到孟获发现上当时，已经被人活捉了。

孟获被押到蜀军大营，心想：完蛋了，这次是必死无疑啊。可没想到，诸葛亮却叫人给他松了绑，拉着他逛军营。

这是怎么回事？孟获一头雾水。这个诸葛亮到底在玩什么花招？

等孟获见识到蜀军的军威后，诸葛亮说出了自己的想法，他希望孟获能留下来，为蜀国效命。

孟获一听，撇着嘴说："你们的阵势也不过如此嘛，你要是放我回去，我一定能打败你。"

诸葛亮听后，笑了笑，真的把他放回去了。

孟获回到部落，立即重整旗鼓，再次进攻蜀军。但不幸的是，这一次，他又被诸葛亮活捉了。

可孟获还是不服，他认为诸葛亮太狡诈了。于是，诸葛亮又把孟获放走了。

就这样，诸葛亮像猫捉老鼠一样，捉了又放，放了又捉，一共捉了七次。

就在诸葛亮打算第七次放走孟获时，孟获泪流满面地说："丞相七次抓到我，又放了我，对我是仁至义尽了。我打心底服了您。从今以后，我愿意为蜀军效力，决不再反。"

孟获臣服后，回到部落，积极说服各部落投降。很快，南中地区又回到了蜀汉的怀抱。

诸葛亮平定南中后，还想向北进军，讨伐魏国。他一共进行了五次北伐战争，可惜每次都失败了。在最后一次北伐中，诸葛亮生了重病，死在一个叫五丈原的地方。

三国归晋

　　曹丕死后，魏国又传了几代皇帝，后来传到十四岁的曹髦（máo）手中。虽然皇帝还姓曹，可事实上，魏国的政权已经落到了司马家族手里。

　　大将军司马昭是个野心勃勃的人，而且从不掩饰自己的欲望。所有人都知道，他想取代曹髦，自己做皇帝。我们常说的"司马昭之心，路人皆知"，就是从这里得来的。

　　于是，司马昭不断铲除异己，打击政敌，为将来当皇帝做准备。

　　曹髦做了几年傀儡，心里很不舒坦。而且他心里明白，如果不先除掉司马昭，自己迟早会被司马昭除掉，

不是我厉害，是对手太差劲。

恭喜皇上一统天下。

就打算铤而走险，亲自去刺杀司马昭。

结果，消息传到司马昭耳朵里。司马昭提前派兵阻截，把曹髦杀死了。

接着，司马昭立了十五岁的曹奂（huàn）为帝。

之前我们说了，司马昭是个野心很大的人。他要的不仅仅是魏国，而是整个天下。如今魏国已经落到他手里了，于是他又将目光瞄准了蜀国。

这时，诸葛亮已经去世了很多年。昏庸的刘阿斗无力抵抗魏国的进攻，只好率领文武百官出城投降。于是，蜀国灭亡了。

司马昭死后，他的儿子司马炎直接把曹奂赶下台，自己当了皇帝，把国号改为"晋"。就这样，魏国也灭亡了。

蜀国和魏国都不在了，三国里面只剩下一个吴国了。

吴国的皇帝叫孙皓（hào），是孙权的孙子，整天只知道吃喝玩乐，什么都不管。东吴的国力一天比一天衰弱。将士们常常领不到军饷，连饭都吃不饱。司马炎看在眼里，喜在心头，于是就着手准备讨伐吴国。

司马炎出兵的消息传来时，孙皓大吃一惊，可大臣岑（cén）昏却说："不用怕，只要把连环铁索横在长江上，再把铁锥安在水面下，形成一堵墙，敌人肯定过不来。"

孙皓听了，就信心满满地让士兵按照岑昏的办法去做。

晋国大将王浚知道吴国的部署后，哈哈大笑，立即让士兵造了几十个大木筏，每个木筏上放一个火炬，捆上稻草，顺流放下。铁锥碰上木筏，尖头扎在筏子上，都被拉了出来；而铁索碰到火炬，也慢慢被烧断了。

吴国士兵一看，吓得都逃跑了。很快，吴国就被晋国消灭了。

就这样，魏、蜀、吴三国鼎立的局面结束了，中国又进入了一个统一和平的年代。

有钱人和读书人

YOU QIAN REN HE DUSHUREN

在现代，
有钱人是事业成功的企业家，
是某个领域最拔尖的人才。
可在西晋，
有钱人却是搜刮民脂的家伙。
他们不管百姓死活，天天斗富，
浪费的东西都够让百姓吃上一年。

在这个黑暗的时代里，
还有一群脾气古怪的读书人
他们装疯卖傻，跟统治者不相往来，
借酒消愁，只希望不要被青睐。
这群读书人，
真是生错了时代，
埋没了才华。

我有一个大元宝！

我这个元宝更大！

我有一盘珠宝。

我有一大盘珠宝。

外甥，咱们家还有什么好东西没？

舅舅别比了，人家比咱们家有钱多了。

到底谁家更有钱

晋武帝司马炎花了十五年时间统一全国，结束了乱糟糟的三国时代，那么，百姓从此就能过上好日子了吗？

可惜往往事与愿违，晋武帝一统天下后，自认为功高盖世，骄傲得不得了，非但不专心处理朝政，还整天沉迷于享乐，大肆兴建宫殿，在生活上也极尽奢华。

有了皇帝的带头，大臣们都有样学样，个个挥金如土，还掀起了一阵斗富的风潮。

当时，京城里有两位大富豪石崇和王恺，为了摆阔，私下斗了好几个来回，成为街头巷尾津津乐道的话题。下面就让我们来看看，这两位超级大富豪是怎么斗富的。

一次，石崇听说王恺家里用糖水洗锅，就吩咐他家厨房，以后烧饭不许用柴火，改用蜡烛，还叫人到处传播这件事。于是，京城里的百姓都说石崇比王恺有钱。

王恺一听，心里非常不服气，就买了很多

你知道我有多少钱吗？

紫丝做屏障，从家门口开始挂，一直挂到四十里开外的地方。从这以后，谁要去王恺家，都要经过这些精美的紫丝屏障。这事很快就轰动了整个洛阳城。

石崇一看，更来劲了。于是，他用比紫丝更贵重的彩缎，也从家门口开始挂，一直挂了五十里。就这样，王恺又输了！

王恺不甘心，去跟外甥晋武帝诉苦。好笑的是，晋武帝不但不制止这种行为，反而觉得有趣。他把宫里收藏的一株珊瑚树赐给王恺，让他拿去炫耀。

得到珊瑚树后，王恺如获至宝，特地摆了一场宴席，邀请石崇和一些官员前来赴宴。趁这个机会，王恺得意扬扬地把珊瑚树拿出来给大家欣赏。

当下人捧出珊瑚树时，在场的人都目瞪口呆。这株珊瑚竟然有两尺多高，枝条匀称，色泽鲜艳，可是一件稀世珍宝啊！

可没想到，石崇冷笑一声，随手拿起桌上的铁如意，"铛（dāng）"的一声，把珊瑚树敲碎了。

官员们大惊失色，王恺更是气急败坏，责问石崇："你这是什么意思？"

石崇慢条斯理地回答："不就是一棵珊瑚树，我赔你就是了。"

说完，石崇叫他的随从回家去，把家里的珊瑚树都搬来，让王恺自己挑选。

不一会儿，随从搬来了几十株闪闪发亮的珊瑚树。好家伙，三四尺高的就有六七棵，最大的那棵，竟比王恺的高出一倍！这些珊瑚树不但高，还姿态万千，光彩夺目。明眼人一看就知道，这比王恺刚才那棵不知道好多少倍。

见了这阵势，王恺也只好垂头丧气地服输了。

很快，这场斗富传遍了整个洛阳城。有一个名叫傅咸的大臣听说后，就给晋武帝写了一道奏章，希望能禁止这种奢侈浪费的行为。可晋武帝看了奏章，却一点也不放在心上。谁不知道他跟石崇、王恺是一路人呢。

就这样，西晋王朝一步一步地走向腐败和衰落。

八王之乱

晋武帝死后，太子司马衷继承皇位，他就是晋惠帝。也许有人会问，换了个皇帝，晋朝是不是就有希望啦？

可惜，这个晋惠帝比他爸爸还差劲。晋武帝虽然奢侈，但至少脑子是正常的。而晋惠帝，却是个彻头彻尾的傻子皇帝。

举个例子，有一次，地方上闹饥荒，饿死了很多百姓。消息传到朝廷，晋惠帝觉得奇怪，问："好端端的人，怎么会饿死呢？"

有人告诉他，百姓没饭吃，自然就饿死了。晋惠帝还是不明白，说："没饭吃，干吗不吃肉粥呢？"

你听，这像正常人说的话吗？面对这个傻子皇帝，大臣们也只能干瞪眼了。

虽然晋惠帝呆头呆脑的，可他的妻子贾皇后却是个很精明的女人。贾后其貌不扬，嫉妒心强，做起事来心狠手辣。在后宫里，她利用皇后的身份，陷害、杀害靠近晋惠帝的嫔妃；在朝廷上，她又设计杀害晋惠帝的辅政大臣。

晋惠帝本来就是个傻子，没了辅政大臣，就更没办法处理政事了。于是慢慢地，贾后开始干预朝政，成为晋朝真正的掌权人。

就这样过了七八年。在这期间，贾后嚣张跋扈，胡作非为，把朝廷搅得一团糟。

当时的太子司马遹（yù），不是贾后亲生的。贾后怕他长大后对付自己，就千方百计想除掉他。

于是，贾后让人用太子的语气写了一封信，内容是逼晋惠帝退位。书信准备完毕后，贾后就请太子来喝酒，趁他喝得醉

你这个小人，竟然算计我！

醺醺的时候，连哄带骗，让他照着那封信抄了一遍。就这样，贾后得到了太子亲笔写的"造反信"。

第二天，贾皇后把信拿出来给大臣看。大臣们吓了一跳：居然真是太子的亲笔信。可太子毕竟是太子，就算是谋反，也不能轻易杀掉。更何况，大家心里都明白，这多半是贾皇后在搞鬼。最后经过一番讨论，大家决定把太子废掉，贬为普通老百姓。

贾后废掉了太子，从此以后就再也没有人能威胁到她的地位了。

可因为这件事，那些原本就对贾后不满的大臣，背地里对她意见更大了。

赵王司马伦认为这是个好机会，就想起兵造反，但他又怕自己辛辛苦苦起了兵，结果却便宜了太子。于是，他就想了一个一箭双雕的计谋。他让属下散布谣言，说大臣们对贾后意见很大，正在筹备帮太子复位。

贾后听了谣言，心里很害怕，就派人毒死了太子。

就这样，赵王司马伦抓住了贾后的把柄，派人带兵闯进贾后的寝宫，把她抓了起来。玩弄了一辈子阴谋的贾后这才明白，原来自己也被人算计了！贾后大呼冤枉，可并没什么用，

是你自作自受。

不等晋惠帝赶到,赵王就把她给杀了。

赵王因为铲除毒后有功,被任命为相国。就这样,政权落到了赵王的手里。可人的欲望是无止境的,过了一年,赵王把晋惠帝软禁起来,自己做了皇帝,又把自己的亲信全部封了官,让"自己人"遍布朝廷。

这下子,各地诸侯王不满了:大家都是诸侯,凭什么只有你司马伦能当皇帝!

于是,各地诸侯王纷纷造反,展开了一场场激烈的大混战。先是齐王带兵进京,杀了赵王。接着长沙王打过来,杀了齐王。后来河间王杀了长沙王,东海王又杀了河间王和成都王……

人们算了一算,参加这场厮杀的,总共有八位诸侯王,史称"八王之乱"。

八王之乱前后共持续了十六年,无休止的战争给百姓带来了巨大灾难,很多百姓逃往南方避难,晋朝的国力一天比一天衰弱。

竹林七贤

说完了有钱人，我们再来说说读书人。

魏晋时期虽然经常打仗，但也出现了一批有名的读书人。其中有七个代表人物，他们分别是嵇（jī）康、阮籍、山涛、向秀、刘伶、王戎及阮咸（xián）。

这七人文采出众、性格放荡不羁，经常一起在竹林里喝酒、纵歌、吟诗作对，于是人们又把他们称为"竹林七贤"。下面，我们就来看看，这七位贤

天地万物都是平等的。来，干杯。

说得好，干杯！

士究竟有什么特别之处。

　　首先说说嵇康，他不但才华出众，还是当时魏国有名的美男子。嵇康最大的特点是清高，不喜欢出仕。当时，他的朋友山涛投靠了司马氏，当了大官，在辞官的时候，举荐嵇康接替自己。嵇康十分恼火，奋笔疾书写了一封绝交信作为回报。

　　阮籍是魏国的一位大诗人。他的特点就是嗜酒成性、不受礼教的约束。对于崇尚礼教的古人来说，阮籍就是一匹脱缰的野马。他的母亲去世了，在守丧期间，他每天照旧喝酒吃肉，旁人提点他这样做不合礼法，可阮籍依然我行我素。

　　司马昭听说阮籍有个漂亮女儿，就想替儿子求亲。阮籍不想跟司马昭扯上关系，可又不敢明着跟他作对，于是天天喝酒，一连大醉六十天，弄得司马昭连开口的机会都没有，无可奈何下只好作罢。瞧，阮籍就是这么有个性的一个人。

　　阮籍的好朋友刘伶，也很反感司马氏的黑暗统治。为避免遭到政治迫害，他也整天喝得醉醺醺的。

　　一天，有人来刘伶家拜访，见刘伶光着身子，就问他为什么不穿衣服。刘伶理直气壮地说："这天地就是我的房子，

这屋子就是我的衣服。我还没问你为什么钻到我裤裆里呢？"

客人听了这番话，目瞪口呆，不知道是赶紧从他"裤裆"里出来，还是继续在他"裤裆"里待着。

王戎是西晋的大臣，也是竹林七贤里年龄最小的。他是个非常孝顺的人。在为母亲服丧期间，王戎异常伤心，搞得身体过分虚弱，连走路都要依靠着拐杖。

还有阮咸、阮籍叔侄，当时被人们并称为"大小阮"。阮咸是个嗜酒如命的人。有一次，他请朋友喝酒。大家都用杯子喝，唯独阮咸拿了一个碗来装酒。

就在阮咸喝得醉醺醺的时候，突然跑来一群猪，要跟他们抢酒喝。大家赶紧起身把猪赶跑，刚坐下来，竟发现阮咸正和一头小猪一起拱酒缸呢。看到这种情形，大家都觉得好笑，对阮咸说："快把小猪赶走，它在喝你的酒呢！"

阮咸却说："天地万物，没有贵贱高低之分，为什么就不能让小猪也喝喝酒呢！来来来，一起喝，一起喝。"

向秀是山涛的好朋友，不喜欢喝酒，也不喜欢应酬。在京城当官的时候，同行之间经常请客吃饭，向秀常去，却一次也没请过别人。时间长了，大家都叫他"琉璃公鸡"。山涛看不过去，暗地里再三劝说，他才勉强请了一次客。有意思的是，别人办宴都是好酒好菜，向秀准备的却是一车西瓜，用各种各样的办法，做了一顿西瓜菜肴，还美其名曰"翡翠宴"（西瓜肉红为"翡"，瓜皮为"翠"）。还好当日的宾客都是政见相同的朋友，大家把这个宴会当成了"诗友会"，尽欢而散。而这个"翡翠宴"也成了当时洛阳城里的一段佳话。

怎么样，竹林七贤是不是一群很有个性的人呢？他们跟我们现代的读书人可大不一样啊！

胡人来了

HUREN LAI LE

这是一个黑暗的时代，
因为胡人来了。
他们长着长长的胡子，
穿着奇怪的衣服，
骑着草原的烈马，
杀进了中原。
失去家园的汉人，只好退到南方，
窝窝囊囊地过日子。

不过，汉人也不是好惹的。
看看祖逖（tì）和刘琨（kūn），
天还没亮就起来练剑。
再看看谢石和谢玄，
把苻（fú）坚打得落花流水。
这么多勇敢的汉人不断涌现，
可有胡人好瞧的！

中原被胡人占领了

不知大家还记不记得匈奴人。似乎很久没有听到他们的消息了，他们去了哪里呢？

原来，曹操统一北方后，就把零零碎碎的匈奴部落聚集起来，分成五个大部落。每个部落设立一个首领。

到了晋朝时期，有一个叫刘渊的部落首领，在八王之一的成都王手下当将军。刘渊能征善战，文武双全，在匈奴人中很有威望。

说到这里，可能有人觉得奇怪，刘渊是匈奴人，怎么用的是汉人的姓呢？

我们都知道，从汉高祖时期起，汉人就开始跟匈奴和亲。因此，很多匈奴贵族自认为是汉朝皇室的后代，就改用了刘姓。

八王混战的时候，匈奴部落的一些贵族趁机开了个会。他们认为，汉人虽然给了匈奴人封号，可没有给他们土地，实际上跟一般百姓没有什么两样。如今八王混战，正是匈奴人独立的好时机。

达成共识后，匈奴贵族们就要推举一个人来当单于。经过一番讨论，大家最终选择了刘渊。

当时刘渊在镇守邺城，听说自己被推举做单于了，欣喜若狂，马上找了个借口跑回匈奴部落，正式即位，做了匈奴的大单于。过了几年，刘渊觉得单于做得不够劲儿，干脆称帝了，定国号为"汉"。

这个汉朝虽然是匈奴人建立的，但也吸引了不少汉人前来投奔。渐渐地，刘渊的势力越来越大。

眼看时机差不多了，刘渊就出兵攻打洛阳，攻了两次，都没攻下来，只好悻（xìng）悻地回去了。

后来刘渊死了，他的儿子刘聪即位，并攻下洛阳，杀死了西晋最后一个皇帝——晋愍（mǐn）帝。就这样，维持了五十二年的西晋王朝灭亡了。

西晋灭亡后，北方的少数民族纷纷涌入中原：匈奴、鲜卑、羯（jié）、氐（dī）、羌（qiāng），被人们称为"五胡"（"胡"是汉人对少数民族的称呼）。这些少数民族前前后后一共建立了十六个国家，史称"五胡十六国"。

闻鸡起舞

西晋就这样灭亡了吗？作为西晋皇室后裔的司马睿（ruì）怎么都无法相信，自己从一个皇室贵族变成了亡国奴。小朋友们觉得司马睿会甘心做亡国奴吗？当然不会。于是，他在南方重新建立了晋朝。历史上把这个朝廷叫作东晋。

东晋和西晋比起来，版图就小多了。因为整个北方中原还在胡人的手里。要知道，中原自古以来就是汉人的领土，却被少数民族占领了，它原来的主人只能退缩到江南，窝窝囊囊地过日子。这对汉人来说，是多么深重的耻辱啊。

为了收复中原，东晋发动了很多次北伐战争，也涌现出了许多令人敬佩的英雄。祖逖和刘琨就是其中的两个。关于他们俩，还有一个家喻户晓的故事呢。这个故事就叫"闻鸡起舞"。

话说祖逖和刘琨年轻的时候，感情非常要好，经常睡在一张床上，谈论国家大事。有天夜里，他们睡得正香，一阵鸡叫声把祖逖惊醒了。祖逖往窗外一看，天还没亮呢！

可祖逖却不想睡了，他用脚踢了踢刘琨。刘琨揉着惺忪（xīngsōng）的睡眼，问怎么了。

祖逖说："你听听，鸡在催我们起床呢！"

于是，两人一起下床，拿起墙上的宝剑，走到院子里，起来练剑。这就是"闻鸡起舞"的故事。

后来，这两人通过勤学苦练，终于都成了一代名将，并在北伐战争中立下了赫赫战功。

再后来，人们就用"闻鸡起舞"来形容一个人发愤图强。

淝水之战

符坚，不是
胆小鬼，就
让我渡河。

在这个胡人横行的时代，东晋生存得真不容易啊。这个时候，前秦的符坚势力非常强大，统一了北方的大部分地区，东晋怎么是他的对手呢？幸好，有将军谢石和谢玄，他们帮东晋打了一场大胜仗呢。

符坚基本统一北方后，就马不停蹄地带着百万大军来攻打东晋。眼看前秦的前锋符融攻破了寿阳，宰相谢安马上派谢石和谢玄前去救援。符坚骄傲自大，以为晋军没能耐跟他打，就派使者朱序去劝晋军投降。

这个朱序是什么人呢？原来，他本来是晋朝人，没有办法才假装归顺符坚的，其实他心里一直很痛恨符坚。他来到了晋军的营帐，看到谢石和谢玄就是像看到亲人一样，非常高兴。他建议说："现在秦军的形势我最清楚了，他们的人马还没到齐，你们趁这个时候去攻打秦军，一定没错！"

谢石和谢玄经过商量以后，火速派出精兵五千人，去袭击秦军。秦军没有防备，被晋军打得四处逃窜。

取得了这么大的胜利，晋军士气大振。谢石乘胜追击，一直走到淝水东岸，把军队驻扎在八公山边，跟秦军隔岸对峙。

符坚知道后，马上来到阵前观察形势。这不看还好，一看吓一跳。只见整个八公山上密密麻麻，全是晋军的身影。

晋军果真有这么多人吗？其实是符坚看错了，他心里一害怕，就把山上的草木都看成晋军了。有一个成语叫"草木皆兵"，就是这么来的。

符坚被"晋军"的气势吓到了，一直不敢出兵。谢石和谢玄都很着急。如果再这样拖延下去，等秦军的援兵到齐了，晋军的胜算就不大了。

于是，谢玄写了一封信送给符坚。信上说："你们怎么不敢跟我们打仗，原来秦军的胆子这么小啊。如果你不想做缩头乌龟，就让士兵退后一些，等我们渡过淝水，咱们再

岂有此理，放马过来。

好好打一仗！"

　　苻坚这个人本来就很要面子，他听谢玄如此挑衅，就破口大骂："谁怕谁啊！退就退，等你们过来再收拾你们！"

　　哈哈！苻坚上当了。他哪知道，这是谢玄的计策啊。

　　果然不出所料，苻坚一下令后退，秦军便乱了阵脚。士兵们本来就害怕晋军，一听后退，一个个拼命地往后跑，停都停不下来。

　　谢玄看准时机，马上带兵渡过淝水，猛攻秦军。这个时候，朱序在秦军中带头大喊："秦军败了！秦军败了！"

　　秦军听了，还以为真的吃了败仗，个个急着逃命，哪里还听主将的命令。结果，苻融在混乱中被人一刀砍死了。

符坚眼看情况不妙，也骑马跟着士兵一起逃命。忽然，不知从哪里飞来一支箭，刚好射中他的肩膀。符坚管不了那么多，一口气逃到淮北，才敢停下来稍做休息。

一路上，逃跑的秦兵听到风声和鹤鸣声，都以为是晋兵追过来了，吓得没命地跑。这就是成语"风声鹤唳"的出处。

捷报传到京城时，谢安正在家里和客人下棋。谢安看了一眼捷报，继续下棋。

"战事怎么样了？"客人心急火燎地问。

"嗯，孩子们把秦军打败了。"谢安淡淡地说。

送走客人后，谢安回房间时，终于按捺不住激动的心情，跟跟跄跄地走了几步，跨过门槛的时候，把木屐的齿都踢断了。

经过淝水之战，本来已经成为北方霸主的前秦，再也没有能力统治北方了。北方又陷入了混乱之中。直到后来北魏崛起，北方才再次得到统一。

北魏、东魏、西魏、北齐、北周几个政权先后统治了北方，人们将它们统一称为"北朝"。与此同时，东晋也灭亡了，宋、齐、梁、陈几个朝代相继登场，被人们统称为"南朝"。就这样，历史进入了南北朝时期。

和尚的时代

HESHANG DE SHIDAI

提到和尚,
有唐玄奘这种不畏艰险的和尚,
还有鉴真这种百折不挠的和尚。
但无论什么样的和尚。
都称不上多有地位。

可在我国南北朝时期,
和尚的地位却达到前所未有的高度,
几乎人人尊敬和尚,
几乎人人信奉佛法,
就连皇帝也想去当和尚,
因为这是一个和尚的时代。

印度来的和尚

历史上，有个印度人对中国的文化产生过很大的影响。这个人是谁呢？为什么会影响到博大精深的中国文化？

他叫菩提达摩，也就是我们常说的"达摩祖师"，是中国禅宗的始祖。

菩提达摩自小就聪明过人，博览佛经，并拥有精辟的个人见解。达摩修业完毕后，就问他的师傅般若多罗："我得到佛法以后，要到哪里去宣扬呢？"

般若多罗说："你应该去震旦（即中国）。"

达摩听了，就收拾好行李，驾起一叶扁舟，历尽艰险来到了中国。广州刺史听说达摩来了，急忙上报。梁武帝就派人为达摩接风洗尘。

梁武帝笃信佛教，常常修建寺庙，抄写经书，救济僧人以及铸造佛像。见到达摩后，梁武帝就问："我做的这些事有多少功德？"

达摩摇了摇头说："无功德。"

梁武帝吃惊地问："为什么没功德？"

达摩就解释道："这是有意而为之，不是实在的功德。"

可是梁武帝仍不能理解。于是，达摩自认跟梁武帝的观点不同，无法度化梁武帝而离开了。

离开梁武帝后，达摩来到河南。当时有个高僧叫神光，正在雨花台附近讲经。达摩路过这里，也进去听了听。他听到对的地方点点头，听到错的地方摇摇头。神光见了，就问达摩为什么摇头。结果俩人发生分歧，吵了起来。

达摩不想跟他争吵，转身走了。有人告诉神光："你知道刚才那人是谁吗？他是天竺来的高僧菩提达摩。"

神光后悔莫及，急忙去追，追到长江边上，见达摩站在岸边，正准备过江。可是江流湍急，又没有渡船，不知道要如何渡江。

这时，达摩看到一老妇人坐在江边，身边有几捆大芦苇。于是，达摩向老妇人讨要了一根芦苇，放在江面上，他轻身一跃，脚踩着芦苇顺流而下，顺利抵达对岸。

这就是达摩一苇渡江的故事。可是，人怎么能踩着芦苇过江呢？难道这就是传说中的轻功水上漂？其实佛教中还有很多类似的传说，我们不必去深究，只要知道达摩是一位真正的得道高僧就行了。

达摩过江后，来到嵩山少林寺。达摩见这里风景秀丽，环境清幽，认为是块难得的佛门净土，于是就留下来传教，一直到圆寂。

就这样，达摩成为中国佛教禅宗的始祖，对中国的宗教文化产生了深远的影响。

我渡的不是江，是信念。

当和尚的皇帝

　　梁武帝是南梁的一个皇帝。前面我们说过，梁武帝是个非常虔诚的佛教徒。他不但自己信佛，还提倡全国百姓一起信佛。在梁武帝的带领下，整个南方掀起一阵学佛的热潮。

　　梁武帝还在都城建造了一座宏伟的寺庙，名叫同泰寺。他每天早晚都要去寺里去烧烧香、拜拜佛，讲解佛法。终于有一

天，他做出了一个疯狂的决定——要到同泰寺出家当和尚。

皇帝当和尚，这在历史上可是头一遭！可是，皇帝要出家，谁敢反对呢？

就这样，梁武帝到同泰寺当了和尚，可只过了四天，就被人接回去了，毕竟没人管理朝政啊。

回宫后，梁武帝越想越不对劲，按照规矩，和尚还俗，是要给寺院一笔"赎身费"的。就算皇帝也不能例外啊。想到这一点后，梁武帝心里很不舒服。

于是过了一段时间，梁武帝又去同泰寺出家了。这一次，大臣们请他回宫时，他说什么也不答应。后来，大臣们旁敲侧击，总算弄明白了梁武帝的意思，就凑了一万万钱，把他赎回去了。

可事情到这里还没完，过了一段时间，梁武帝又去同泰寺里出家了。这一次，他除了舍弃自己的身子外，还说要把他宫里的人和全国土地都舍了。

大臣们都傻眼了，一咬牙，又凑了二万万钱去把他赎回来。

可梁武帝似乎出家上瘾了，才过了一年，又闹着要出家。大臣们不得不又花一万万钱把他赎回来。

就这样，梁武帝一共出了四次家，花了四万万赎身钱。这可不是一笔小数字，大臣们哪来这么多钱呢？自然是从老百姓身上搜刮而来的。

梁武帝热爱佛教，本来是件无可厚非的事情，可他这么一闹，大臣们都被折腾惨了，百姓也被折磨得苦不堪言，人人都骂梁武帝昏庸无能。有人趁机发动叛乱，把梁武帝关起来活活饿死了。没几年，南梁也灭亡了。

不相信佛教的人

南北朝时期，佛教非常流行。上到王公大臣，下至平民百姓，大都是虔诚的佛教徒。在当时的环境里，要找个不相信佛教的人，还真有点难。但也并不是没有，范缜（zhěn）就是这么个人。

范缜不但自己不相信佛教，还劝别人也不要相信。南齐的

宰相萧子良听说后，非常气愤，就把范缜找到家里来，问："既然你不相信佛教里的因果报应，那为什么有人天生富贵，有人天生贫穷呢？"

范缜淡定地说："这有什么好奇怪的。人就像树上的花瓣，被风一吹，有的落到厅堂上，有的落到茅坑里。"

萧子良瞪着眼睛看着范缜，一时间不知道说什么好。

范缜又笑着说："您是落在厅堂上的花瓣，而我是落在茅坑里的花瓣。这跟因果报应有什么关系呢？"

萧子良听了，虽然还不大服气，可也无法反驳，也只好干瞪眼了。

就这样，范缜安然无恙地回了家。可他仍觉得自己没把道理说透彻，就专门写了一篇反对神学的文章，叫《神灭论》。

文章一面世，朝廷上上下下都炸开了锅。萧子良自己说不过范缜，只好找来高僧帮忙。可这些人中，也没一个说得过范缜。

有个姓王的佛教徒讽刺范缜说："范先生，既然您不信神灵，那您连祖先的神灵在哪里也不知道了。"

范缜听后，笑笑说："那么王先生，您既然知道您祖先的神灵在哪里，为什么不去找他们呢？"

那人被范缜的一番话说得脸上一阵青一阵白，又拿范缜无可奈何，只好愤然离去。

开皇盛世

KAIHUANG SHENGSHI

有人说：天下大势，分久必合，合久必分。
自从西晋之后，
中国就一直没有平静过，
真是让人着急啊！
幸好，杨坚出现了，
中国人终于盼来了统一。
这个杨坚，就是大名鼎鼎的隋文帝。

隋文帝是个什么样的人呢？
他很仗义，帮百姓把荒淫的陈后主消灭了。
他很节俭，天天穿粗布麻衣，
他很严厉，哪怕皇子犯法，也绝不手软。
他还很公平，
开创了当时世界上最公平的选拔人才制度——科举制。
他做的这一切，
都只为了兑现"我是天下人的父亲"这个诺言。

衣服破了，补补再穿。

一顿只吃一个荤菜。

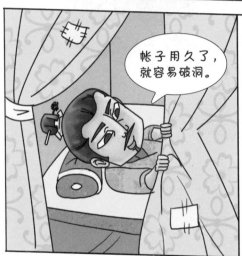

帐子用久了，就容易破洞。

皇帝真抠！

太抠了！

朕要是不抠，百姓能有好日子过？

你再不出来，就别想出来了。

隋文帝统一天下

　　混乱的南北朝持续了一百六十多年后，终于有个人出来统一天下了。他就是隋朝的开国皇帝杨坚。

　　杨坚原本是北周的大臣，因为功劳显著，被封为柱国大将军，后来又被封为随王。杨坚是一个有大志向的人，他可不愿意一直做随王。所以，他看准时机，把北周的皇帝废了，自己做了皇帝。这就是历史上有名的隋文帝。

　　当北方的隋朝逐渐崛起的时候，南方的陈朝却一片歌舞升平。陈朝的最后一个皇帝叫陈叔宝，也叫陈后主。陈后主是个荒淫无道的人，他整天只知道和宠妃们在皇宫里办酒宴、唱曲子，别的什么都不管。

隋文帝就想：这么荒唐的人，怎么能做皇帝？我要灭了陈朝，统一天下。

不过，陈朝也是个实力不小的国家，要从哪里下手呢？有谋士就给隋文帝出主意说："我们要先破坏陈朝的农业。"隋文帝觉得有道理，就派了很多士兵驻守在陈国的周边，扬言说："我要攻打陈国。"

陈国的百姓一听，都吓得不敢去收割庄稼。几年下来，陈国的粮食储备不够了，士兵们也被隋军耍得叫苦连连。

隋文帝眼看时机成熟了，就派出儿子杨广和丞相杨素，带领五十一万大军进攻陈朝。这一次，隋朝可要跟陈朝玩真的了。

杨素率领士兵一路杀到长江边，陈军赶紧派人去报告陈后主。这时，陈后主正跟他的

别别别，好汉饶命！

宠妃一起玩乐呢。

一听隋朝打来了，陈后主淡定地说："有什么好紧张的。我们这儿是块福地，以前北齐和北周不知道进攻了多少次，我们不是照样好好的吗？一个杨坚，没什么可怕的。"

那些只会拍马屁的臣子也附和说："陛下分析得对。我们有长江这个天然屏障，隋军怎么可能渡过长江杀过来呢？"

结果却让陈后主大吃一惊，隋军不仅渡过了长江，还直接杀到了陈国的都城建康（也就是现在的南京）。这下子，陈后主知道害怕了，赶紧派出军队去抵抗隋军，可是已经太晚了。隋军顺利打入皇宫，捉了一堆妃子和太监。可是，他们却找不到陈后主。陈后主在哪里呢？

原来，陈后主带着两个宠妃慌慌忙忙地躲到了枯井里面。隋军费了好大的劲才找到他。可是，陈后主躲在井里说什么都不肯出来。

最后，一个士兵威胁说："你再不出来，我就丢石头下去了！"

陈后主吓得赶紧求饶，从井里爬了出来。

就这样，陈朝灭亡了，南北方统一了。分裂了二百七十多年的中国，终于又聚在了一起。

我是天下人的父亲

与一些喜欢铺张浪费、奢侈无度的皇帝不同，隋文帝可以说是历史上最节俭的皇帝之一。同时，他也是一位爱民如子的好皇帝。

隋文帝刚登基时，常常穿着百姓的衣服到民间进行私访。

有一次，隋文帝来到汉中一个小村庄里，看到几个农民在田边堆了个土灶，放上锅开始煮饭。隋文帝好奇地凑近一看，发现锅里竟然煮的是豆腐渣和谷糠。

当时隋文帝就难过地流下了眼泪，对身边的人说："这都是我的错啊！是我没有把国家治理好，才让百姓们吃这种东西啊。"

经过这次私访，隋文帝变得更加勤政和节俭了。他制定了几条要求：宫里的妃子和宫女都不许穿金戴银。衣服破了，可以补补再穿。就连隋文帝本人的衣食住行，也是简单得不能再简单了。他每顿只吃一小盆肉，卧室里也没有什么绫罗绸缎，只有一顶布帐。

隋文帝不仅对自己要求严格，还时刻教育儿子们要节俭。他告诉皇子们，奢侈的王朝是不能够长久的。

你可千万别以为隋文帝只是说说而已哦！秦王杨俊就因为这个吃了苦头。

杨俊仗着自己是皇子，从百姓那里敲诈了许多钱财，用来修建宫殿。他让人用名贵的香料涂抹墙壁，用美玉砌成台阶，在四面墙壁上镶满镜子。当贵宾到来后，杨俊就在这里和他们一起饮酒作乐。

隋文帝知道这一切后，勃然大怒，马上撤了杨俊的官职，把他关了禁闭。

大臣们都认为处罚得太重了，对隋文帝说："秦王并没有犯什么大错，不过是多花了点钱，造了座房子，陛下作为父亲，应该宽容他。"

隋文帝严厉地说："我是一国之主，不单是几个孩子的父亲，还是天下人的父亲。我只能按照一种律法办事。照你们说的，我是不是还要为皇子另外制定法律？"

大臣们听了，哑口无言，这才明白隋文帝提倡节俭不只是说说而已。于是大家都开始谨言慎行，保持朴素的生活作风。

最公平的考试

小朋友们知道吗？除了统一中国，隋文帝还做了一件非常伟大的事情，这件事直到今天还影响着我们呢。

天下统一后，隋文帝一直在想：我身边的这些大臣，都是从王公贵族里面选出来的，可是百姓里面也有很多这样的人才，为什么他们就不能出人头地，为国家办事呢？这实在是太不公平了！

所以，隋文帝就立下规定说："选拔人才不准皇亲贵族之间相互推荐。"

后来到隋炀帝时期，便正式形成了一种新的制度——科举制。

什么是科举制呢？说来也简单，就是用考试的方式选拔人才。无论你是贵族还是平民，只要肚子里有学问，有才干，就可以参加考试。考试成绩好的人，就可以做大官，为国家做贡献。

要知道，在这之前，国家挑选人才，一直没有很明确的标准。那些出身显贵的人，往往能轻而易举地做大官；而那些穷苦的老百姓，虽然饱读诗书，但想要做官比登天还难。

现在好了，平民百姓跟贵族子弟站在

了一个起跑线上。谁更厉害，拿出真本事来比一比就知道了。

当然，并不是所有人都为科举制度拍手叫好。有些人就会想：我明明很有才干，可就是文章写得不够好。单凭一篇文章就断定我的能力，也太不公平了。

可是不管怎么说，在那个时候，科举制度已经是很先进的制度了。可以说在当时，没有谁能找到比科举更好的方式来选拔人才了！

皇帝是个败家子

HUANGDI SHI GE BAIJIAZI

生活中，
我们经常说到言传身教。
当父母要以身作则，孩子才能跟着学好。
可奇怪的是，
节俭的隋文帝，却教出了一个有名的败家子，
他就是隋炀帝。

这位隋炀帝，
本来没资格当皇帝，
却靠演戏得到了皇位，
当上皇帝的隋炀帝，原形毕露，
他为了游山玩水，不惜劳民伤财；
为了炫耀武力，四处抓壮丁。
这可苦了百姓，
有的人累死了，有的人饿死了，有的人无家可归了。
终于，大伙儿合起伙来，
一起把隋朝推翻了。
杨广啊杨广，真是皇帝中的败家子！

隋炀帝

获奖啦……

谢谢大家，我今天得到这个奖，要谢谢很多人……

"会演戏"的皇帝

　　隋文帝死后，把皇位传给了二儿子杨广，也就是隋炀帝。这个杨广跟我们之前介绍的王莽一样，也是一个会演戏的皇帝。

　　起初，隋文帝立的太子不是他，而是他的哥哥杨勇。杨广只被封为晋王，心里很不甘心。怎么办呢？他就开始"演戏"。

　　这里的"戏"可不是台上的戏哦，是生活里的"戏"。

　　当太子杨勇因为生活奢侈，被隋文帝严厉教

呜呜，被骗了。

147

训的时候，杨广知道机会来了。

　　杨广故意装出一副生活简朴，不爱声色犬马的样子。每次隋文帝来他府上，他就把美丽妖娆的姬妾锁进里屋，只安排几个又老又丑，穿着粗布衣裳的妇人出来侍候。他还故意弄断乐器的弦，在上面洒满灰尘，摆在隋文帝一眼就能看到的地方。

　　果然，文帝见了，以为杨广像自己一样，节俭得不得了，就越来越喜欢他。

　　除了伪装得节俭外，杨广还装作很有德行的样子。有一次，杨广出去打猎，半路上正好下起倾盆大雨。侍卫连忙给他送上雨衣，他却义正词严地拒绝道："兵士们都在雨里淋着，我怎能一个人避雨？"

　　文帝知道后，更喜欢杨广了。两个儿子一比较，隋文帝与皇后就常常感叹说："太子品性顽劣，广儿却有德有能。"于是隋文帝废掉杨勇，改立杨广为太子。

　　到了晚年，隋文帝病重，杨广觉得皇位即将到手，就渐渐暴露本性了。这时，隋文帝才发现原来自己上当了。杨广非但不节俭，还是一个品行有问题的人。他怎么能让这样的人当皇帝呢？于是，他想废掉杨广，重立杨勇为太子。只可惜，诏书还没发出去，隋文帝就死了。

　　杨广继承皇位后，立刻派人杀了杨勇，以绝后患。就这样，历史上臭名昭著的暴君隋炀帝登场了。

这个皇帝爱显摆

隋炀帝登基后，彻底露出了真面目。他把都城迁到洛阳，在这里建了一个豪华的新都——东都，又派人去全国各地搜罗美女，供他享用。

隋炀帝还命人挖了一条贯通南北的大运河。这就是鼎鼎有名的京杭大运河。

其中一段运河刚刚完工，隋炀帝就派人大量造船，带着二十万人马，声势浩荡

陛下，别风光过头了啊！

怎么样，朕这排场风光吧？

地去江南巡游，一来是为了游山玩水；二来是想显摆皇帝的威风。

隋炀帝和萧皇后乘坐的两条大龙船，每条都有四层高。船上有上百个房间，每一间都装饰得金碧辉煌。大龙船后面，紧跟着几千条彩船，坐着宫妃、王公贵族和文武官员们。

彩船后面，还有几千条大船，载着士兵和武器。

船队浩浩荡荡地在运河上行驶着，竟然有二百多里长！

我们知道，古代没有发动机，那么船队靠什么行驶呢？只能用人拉。官员们安排了八万多名壮丁，分别在运河两岸拉船，还安排了两队骑兵夹岸护送。在这些苦力的拉动下，豪华大船缓缓而行。

白天，运河两岸彩旗飘飘，人声鼎沸。到了晚上，大船上就灯火通明，鼓乐喧天，频频传来歌姬曼妙的声音，真是说不尽的繁华。

　　可如此繁华的景象，都需要金钱来支持啊！隋炀帝却不管这么多，只顾自己尽情享受！开凿运河、造船、征用壮丁和船上取乐所需的钱，统统都从百姓身上榨取而来。

　　不仅如此，两岸的百姓还要为船队准备吃喝，这叫"献食"。沿途的官员为了讨好皇帝，逼着百姓办酒席，一献就是上百桌，东西多到吃不完。那怎么办呢？就在岸边挖个坑，把剩菜埋掉。隋炀帝哪里想得到，那些"献食"的百姓，很多连口热饭都吃不上啊。

　　隋炀帝一路巡游过来，自认为很威风，实际上浪费了无数粮食和人力，百姓已经在心里将他臭骂了几百遍。

把江山玩完了

隋炀帝在百姓面前逞足了威风，又开始炫耀隋朝的武力了。

既然是炫耀武力，那就要打仗。那么这个倒霉的国家是谁呢？它就是隋朝的邻居高句丽。

为了攻打高句丽，隋炀帝派人造了三百艘兵船。要造这么多兵船，自然又要征集壮丁。为了按时完成任务，这些壮丁没日没夜地造船，下半身一直泡在海水里，时间一长，腰以下的部分都泡烂了。不少人就这样死在了海里。

要打仗，光有船还不够，还要有车，用来运输武器和帐

玩弄我的，最终都会被我玩弄。

朕要玩弄江山。

153

篷。于是，隋炀帝又命人造五万辆大车。于是，无数壮丁又开始日日夜夜地造车。

军队要吃饭，还要准备粮草。于是，又一批壮丁开始没日没夜地护送粮草，不知累死了多少人。

更重要的是，壮丁都被征去造船、造车和护送粮草，田地没人耕作，都荒芜了。百姓吃不上饭，饿得嗷嗷叫。

这样的日子还怎么过下去？于是，国内接二连三地爆发了农民起义。

隋炀帝派大将李渊去镇压农民起义。李渊的二儿子叫李世民，当时只有十八岁，是个非常有胆识的人。他知道隋朝统治不了多久了，就鼓动父亲李渊也造反。

李渊刚开始很反对，渐渐被李世民说服，于是也反了。

起义军的势力越来越大，朝廷也无力对抗了。隋炀帝眼看大势已去，整天喝得酩酊大醉，对着镜子叹气说："这么好的头颅，谁有幸砍掉它呢？"

这个人叫宇文化及。他眼看隋朝要完蛋了，就率领禁卫军将行宫重重包围。隋炀帝见禁卫军居然也叛变了，伤心地问："就算我对不起天下百姓，也没有对不起你们！你们为什么要这样对我？"

对方立刻回了一句："普天同怨，何止一人呢？"

隋炀帝无话可说，只好解下腰带，递给宇文化及，让他把自己勒死。隋炀帝被杀后，李渊便称了帝，国号定为"唐"，李渊就是唐高祖。

了不起的李世民

LIAOBUQI DE LI SHIMIN

有个了不起的少年，
他志气特别高，
他眼看隋朝要完蛋了，
就劝父亲造反，
还帮他打下了唐朝的江山。
可打下江山的人，
却没有得到江山的继承权，
尽管这很不公平，
但李世民并没有抱怨什么，
直到太子想杀害他，
他才果断反击，
一举夺回了本应属于自己的江山。
他为此背上弑兄的罪名，
可他也留下了太多的功绩，
所以人们想起他，
还是会说了不起的李世民啊！

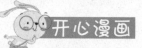

决战玄武门

在唐朝建立的过程中，李世民领兵东征西讨，立下了汗马功劳。可唐高祖即位以后，并没有立李世民为太子，而是按照嫡长子制度，立大儿子李建成为太子。

太子李建成知道无论文武，自己都比不上李世民，就把李世民视为眼中钉。他联合弟弟齐王李元吉，想除掉李世民。

有一次，李建成请李世民到东宫饮酒。李世民喝了几杯酒后，觉得不舒服，就赶紧回去了。等回到寝宫后，李世民腹痛难忍，还呕出了鲜血。这分明是中毒的征兆啊！还好太医及时赶到，李世民才捡回了一条命。

李建成一方面想杀李世民，另一方面又忌惮李世民手下的猛将，像尉迟恭、秦叔宝、程咬金等人，没

有一个是好惹的角色。

正好这时，突厥进犯中原，唐高祖想派李世民去迎敌。李建成就向唐高祖建议，让李元吉代替李世民出兵，又请求把李世民手下的大将和精兵都给李元吉统领，来帮助李元吉立战功。这样一来，李建成就能放开手杀李世民了。

幸运的是，有人偷偷向李世民告了密，说太子想要谋害他。这时，李世民才意识到不能再继续退让了，就进宫向唐高祖告状，说太子和李元吉要杀他。唐高祖半信半疑，答应天亮叫兄弟三人一起进宫听审。

第二天早上，李建成跟李元吉得到传召后，骑着马进宫去了。李世民派人在玄武门埋伏了一支精兵，只等他俩自投罗网。

李建成和李元吉走到玄武门前，忽然觉得气氛不对，赶紧调转马头往回跑。李世民哪能放过这个好机会，就从玄武门里骑着马赶出来，嘴里喊道："殿下，别走！"

李建成和李元吉哪里肯听他的话。李元吉一边往回跑，一边转过身来，拿起弓箭，要射李世民，但由于太过慌乱，连弓都拉不开。倒是李世民异常镇定，嗖地一箭，刚好射穿李建成的喉咙。

　　紧接着，尉迟恭领着七十名骑兵冲出来，一箭把李元吉也射死了。这就是历史上有名的"玄武门之变"。

　　李世民杀了两个兄弟后，派尉迟恭去禀报唐高祖，说太子和齐王领兵造反，已经被他诛杀了。

　　李渊听了，惊得目瞪口呆，可事情到了这个地步，他也没办法了，只好宣布李建成和李元吉的死罪。两个月后，唐高祖将皇位传给李世民，自己做了太上皇。李世民即位，就是唐太宗。

最佳拍档，房谋杜断

李世民还是秦王的时候，身边就有两个很有才能的人，分别是杜如晦和房玄龄。

房玄龄和杜如晦很早就跟在李世民身边，随他征战沙场，为他出谋划策。不过，这俩人又各有所长。军队里的事务一般由杜如晦处理，入宫奏事则多由房玄龄来负责。唐高祖就曾感叹说："玄龄为我儿奏事，虽然远隔千里，却好像与他面谈一样。"由此可见，房玄龄不但尽职，口才也十分了得。

李世民当上皇帝后，任命房玄龄为尚书左仆射（yè），杜如晦为右仆射，相当于左宰相和右宰相。就这样，这俩人成了李世民的"左右手"。

当然，这对"最佳拍档"也没有辜负李世民的期望。他们齐心协力，尽心辅佐皇帝。

李世民每次与房玄龄讨论事情，都会说："等杜如晦来了再决定。"这是因为他知道房玄龄善于谋划，而杜如晦善于决断。渐渐地，就有了"房谋杜断"的说法。

对此，房玄龄并没有任何意见，也没有觉得李世民看低自己。因为他深深地明白，自己和杜如晦就是李世民的左右手，少了谁都不行。

　　可天下没有不散的筵席。杜如晦去世后，李世民觉得像少了一只"手"，每次得到好东西，都会想起杜如晦，泪流满面地对房玄龄说起杜如晦生前的种种，最后总是命人把东西送给杜如晦的家人。

　　后来，房玄龄病重。李世民把他接到宫里疗养。君臣二人见了面，知道即将分别，难过得都流下了眼泪。不久，房玄龄去世了，李世民再次痛失一"臂"。

　　这就是"最佳拍档"杜如晦和房玄龄的故事。这两个人都不是全才，各有擅长的领域，而李世民把他们凑在一起，使他们发挥了最大的作用。

李世民的镜子

李世民是个非常了不起的皇帝，不但有勇有谋，能上阵杀敌，还善于用人。除了杜如晦和房玄龄外，李世民身边还有一个有意思的人。这个人留在李世民身边，也充分说明了李世民任人唯贤。

这个人就是魏征。

魏征本来是太子李建成的手下。玄武门兵变后，有人向李世民告密，说魏征曾劝太子杀掉李世民。李世民就派人把魏征

给抓了起来。

　　李世民见了魏征，责问道："你为什么在我们兄弟间挑拨离间？"

　　魏征镇定地回答说："只可惜太子没听我的话，不然也不会是这样的下场。"

　　听了这话，所有人都以为李世民要发火了，谁知李世民哈哈大笑起来，他认为这个魏征不但有胆识，说话也特别直爽，心里很喜欢他，说："这已经是过去的事了，从今往后，你我就不再提了。"

　　魏征感慨地看着李世民，心想：好一个心胸广阔的明君啊！

　　李世民赏识魏征，魏征也赏识李世民。俩人一拍即合，魏征就成了李世民的另一个好帮手。

　　不过，魏征可没有对李世民的提拔"感恩戴德"，每次奏事，他都是就事论事，完全不顾皇帝的颜面。有好几次，君臣两个在朝堂上当场吵了起来。李世民吵不过魏征，觉得很没面子。

　　时间长了，李世民不免积压了一腔怒火，气冲冲地对长孙皇后说："总有一天，我要杀了这个乡巴佬。"

　　长孙皇后故作不解地问："不知陛下说的是谁？"

　　李世民说："就是那个魏征，没大没小，老是当着那么多大臣的面，让我丢面子。"

　　长孙皇后听后，没有说话，回到内室，换了一套隆重的礼服，向李世民道喜。

李世民听了莫名其妙，长孙皇后解释说："我听说只有英明的皇帝，才有正直的大臣辅佐。如今魏征这么正直，不正说明陛下是个明君吗？"

李世民一听，转怒为喜，从此不但不记恨魏征，还更加重用他。

魏征死后，唐太宗心里非常难过，流着眼泪说："用铜做镜子，可以用来整理衣帽；用历史做镜子，可以知道国家兴替的原因；用人做镜子，可以发现自己的对错。如今魏征死了，我少了一面好镜子啊。"

正因为唐太宗善于用人，心怀天下，因此在他统治期间，社会安定、经济繁荣，呈现出一片盛世的景象。由于太宗的年号是"贞观"，人们就将他在位的时期称为"贞观之治"。

不爱胭脂爱乾坤

BU AI YANZHI AI QIANKUN

在滔滔的历史长河中，
有这样一个光彩夺目的女人，
她，貌美如花，
一生做过两任帝王的妃子。
她，心狠手辣，
为了走上皇帝之位，步步为营，
甚至不惜向亲生儿子下手。
她，胸怀天下，
为了黎民百姓，江山社稷，发展科举，重用人才。
她所统治的时代，
上承"贞观之治"，下启"开元盛世"。
她就是中国历史上第一个，也是唯一一个女皇帝——
武则天！

敢驯烈马的才人

自古以来，男人做皇帝不稀奇，女人当皇帝才不得了呢。唐朝就出现了一位惊天动地的女皇帝。她叫武则天，本来只是唐太宗后宫里的一个才人。但这个小小的才人，却有着男人都比不上的智慧和胆识。

一次，有人向唐太宗进贡了一匹西域宝马——狮子骢（cōng），这可乐坏了唐太宗。好马就要大家一起观赏，唐太宗就召集了文武大臣和后宫嫔妃，办了一场赏马会。

狮子骢高头大个，肌肉壮实，毛色也是油光闪亮。太宗看了后非常满意，便对一旁的驯马官说："去，你骑几圈试试。"

谁知驯马官刚上马还没坐稳，狮子骢就前腿腾空，一声长嘶，把他甩到了地上。

见到马的性子如此暴烈，唐太宗更是高兴得哈哈大笑，对文武百官说："谁能驯服狮子骢？"

几位久经沙场的老将听后，都跃跃欲试，可惜一个个都被狮子骢摔在地上。武将们渐渐消了气焰，立在一旁没了声响。

这时，武则天不慌不忙地站了出来，说："陛下，我能驯服他。"

李世民笑着问："你有什么办法吗？"

武则天从容地回答："我只要三样东西：一条铁鞭，一个铁锤和一把匕首。狮子骢不老实的话，我就用铁鞭抽打他。如果它还不听话，我就用铁锤敲它的脑袋。如果它仍不服，我就用匕首割破它的喉头！"

唐太宗听后，连夸她有志气，可心里却想：这女子小小年纪就有这样的手腕，可不得了啊，得防着点！

由于唐太宗有了提防，武则天这才人一做就是十二年。这十二年里，她和大多数后宫女子一样，过着平淡无奇的生活。

历史上第一个女皇帝

唐太宗死后，按照宫里的规矩，没有生孩子的嫔妃都要去当尼姑。于是，武则天也被送进了感业寺当尼姑。但武则天运气好，唐太宗的儿子唐高宗李治非常喜欢她，想方设法地把她接回皇宫，还让她做了皇后。

唐高宗虽说不上昏庸，但和他老爸唐太宗相比，魄力和才智还是差了十万八千里。做了皇帝还要被元老大臣当"学生"教，没有一点自由。

唐高宗觉得很憋屈，很想摆脱老爸的影子，自己大干一番。他经常遇到一些问题，就跟武则天探讨。武则天聪慧过人，总会出一些令高宗满意的点子，高宗也越来越信任武则天，开始让她处理政务。

武则天表面上帮着高宗拿主意，暗地里却在巩固自己的势力。反对武则天的官员不是被降职就是被流放，有些甚至被直接杀掉。而支持她的就被提拔了上来。

与此同时，她劝唐高宗减轻赋税，广纳贤才，提高自己在百姓心目中的威望。

而唐高宗呢，除了没魄力，还是个病秧子。上朝开个会头痛，看个文件没多久也头痛。这些重担，当然就落在了值得"信任"的武则天肩上。

权力越大，武则天的野心也就越大。她用计废太子李忠，立自己的儿子李弘为太子。

唐高宗死后，武则天更加肆无忌惮，为了争夺皇权，把儿子们废的废，杀的杀，软禁的软禁，皇帝换了一任又一任。

光有实权，武则天还不满足，她早就有一个目标，就是改写女人的历史，改写封建王朝的历史：成为一名真正的女皇帝！

　　有个聪明的和尚猜出了武则天的心思，伪造了一部名叫《大云经》的佛经，献给武则天，称她是弥勒佛转世，佛祖让她来代替唐朝皇帝统治天下。

　　武则天看了当然开心，这正是她想要的，便重赏了这个和尚。一看有好处可拿，一些官员也陆续劝她即位称帝。武则天表面装作推辞，实际上还是给这些人升了官。慢慢地，拥护武则天的人越来越多。

　　公元690年，武则天"推脱"不过，废了四儿子唐睿宗，自称"圣神皇帝"，改国号为"周"。一代女皇就此正式诞生了！

意见箱和科举

自古以来，都是男人当皇帝。武则天作为一个女人当了皇帝，有些男人就受不了，到处拉帮结派，跟她唱反调。为了镇压这些人，武则天也是想尽了办法。

一天，武则天突发奇想，让人制造了一个叫"铜匦（guǐ）"的东西。铜匦是什么呢？就是我们现在所说的意见箱。这东西有什么用呢？当然是用来收集检举信和意见信，说白了，就是让人打小报告。

这意见箱只有武则天才能打开。她还宣言："大家都来投意见啊！意见好，定会重赏。意见不好，也不怪罪。有谁发现了贪官污吏，无处申告的，可以直接写信给我，我一定严查。"

一开始，大家都害怕，不敢打小报告。但凡事总有人开头。一试才发现碰着"好事"了，那些去打小报告的人，不是升官就是发财了。

就这样，打小报告的人越来越多。武则天一个人忙不过来，就任用了两个靠打小报告发家的官员来掌管这事，一个叫周兴，一个叫来俊臣。这两个人性格凶残，脾气暴躁，对案件根本就不尽心审理，反而牵扯了很多无辜的人。为了逼供，他们发明了各种酷刑，把人折磨得死去活来。

在二人的掌管下，诬告乱告的现象越来越严重，搞得天下人心惶惶。很多人半夜不睡觉，怕被官兵抓走。

终于，一个小报告送到武则天手里："周兴要谋反。"

这还得了？武则天大怒，让来俊臣严查周兴。

周兴和来俊臣也算是狐朋狗友。来俊臣知道，凭一封信是

无法让周兴认罪的，于是就请周兴喝酒。酒过三巡，来俊臣就问："兄弟啊，你说我平时办案，有些人死不认罪，我该怎么办呢？"

周兴哈哈大笑："这还不简单，你找一口大坛子，把它烧得通红，再把犯人丢进坛子里，你看他招还是不招？"

来俊臣恍然大悟，立刻叫人烧了一口大坛子，对周兴说："兄弟，有人告你谋反，你认不认？不认的话，那就对不住了，你自己钻到坛子里去吧。"

周兴一听，吓得捣蒜似的磕头："我认……我认……"这就是成语"请君入瓮"的由来。

但武则天并不相信周兴会谋反，就免了他的死罪。但周兴坏事做得太多，大家都对他恨之入骨，在流放的路上偷偷把他杀了。

后来武则天知道了来俊臣的所作所为，就下令把来俊臣也杀了。

武则天当上皇帝后，还有一项创举——殿试。她把参加科举考试的读书人，召到宫殿里，亲自考核，选拔出真正有才能的人，这样就不怕"官二代"走后

门了。

　　武则天还创立了 "武举考试"。那些不会读书，但武功了得的人，也可以考武状元了。

　　老百姓看到了希望，家里没钱没权的，就拼命读书习武，争取当官发家。

　　像狄仁杰、张柬之、娄师德、姚崇这些有名的大臣，都是武则天通过科举考试一手提拔起来的。

　　武则天67岁当皇帝，在82岁那年退位，一共做了整整15年皇帝。武则天去世后，后人为她立了一块碑。这碑雄伟壮观，但碑上却一个字也没有。这就像武则天自己说的那样，她一生的功过是非，没有人能说得清楚，就留给后人去评说吧。

都是美女惹的祸

DOU SHI MEINÜ RE DE HUO

本来作为一代明君的唐玄宗，
到了晚年，却像着了魔一样，
迷恋上了杨家的女儿。
这个杨家女儿是谁呢？
她就是有着倾国倾城美貌，
回眸一笑就把唐玄宗迷倒的，
古代四大美人之一——杨贵妃。

皇帝为了她千里送荔枝，
为她修荔枝道，为她舍弃整个后宫，
也差点为她丢掉了大唐江山。
她成了人们口中的红颜祸水，
她成了祸国殃民的一代妖姬。
她想为自己辩解，
可却无从辩解。
可是这一切，果真都是美女惹的祸吗？

一骑红尘妃子笑

武则天退位之后，唐王朝进入了一个政治上的混乱期。直到唐玄宗李隆基即位，通过一系列的改革，才使得社会稳定下来。在唐玄宗英明的带领下，百姓的日子越来越好过了，国家也变得更加强盛，并迎来了继贞观之治之后的又一个盛世——开元盛世。

只可惜，唐玄宗不是一个善始善终的人。到了晚年的时候，他因为宠爱一个女人，差点把江山都弄丢了。

这个女人名叫杨玉环，本来是唐玄宗的儿子寿王李瑁的妻子。一次偶然的机会，玄宗看到了杨玉环，一下就被她迷倒了，于是不顾亲情与伦理，硬是

爱妃，知道这荔枝从哪里来的吗？

皇上变出来的。

把她抢到宫里做了妃子。这就是大名鼎鼎的杨贵妃。

唐玄宗有多么宠爱杨贵妃呢？看了这首关于荔枝的诗就知道了："长安回望绣城堆，山顶千门次第开。一骑红尘妃子笑，无人知是荔枝来。"这是大诗人杜牧写的一首诗。说的是杨贵妃喜欢吃荔枝，唐玄宗为了讨她欢心，就派人从几千里之外的岭南地区，加急送最新鲜的荔枝到京城给杨贵妃吃。

可是由于天气炎热，荔枝不易保存，一两天颜色就变了，四五天味道也变了。这样的荔枝还怎么讨杨贵妃的欢心啊！

为了更好地保护荔枝，唐玄宗特地派人修建了一条林荫大道，专门供人运送荔枝，后来，这条道路就被人们称为荔枝道。

荔枝道修好了，可这么远的距离，一日之内把荔枝送到京城还是很困难。那怎么办呢？运送荔枝的人只好快马加鞭，玩命地送荔枝。在运送的过程中，不知累死了多少人和马。

俗话说：一人得道，鸡犬升天。杨贵妃得到皇帝专宠的同时，她的三个姐姐也先后被封为夫人，就连她那不学无术的堂兄杨国忠也一步登天，做上了宰相。

安史之乱

　　唐玄宗晚年变得越来越昏庸，不仅沉迷于美色，还宠信奸臣，国家逐渐有了衰败的气象。这时候，一个叫安禄山的人抓住机会，起兵造反了。

　　那么，安禄山到底是个什么样的人？为什么有能力造反呢？

　　原来，唐朝为了加强边境防御，在重要边境设立了十个军镇，管理军镇的长官叫节度使。节度使不但掌管兵权，还兼管行政和财政，权力非常大。当时，朝廷里掌权的宰相李林甫害怕节度使立战功会威胁到自己的

朕看是满肚子坏水。

我这大大的肚子里，只有一颗真心。

地位，就向唐玄宗建议找胡人来合作，让胡人当节度使，理由是胡人骁勇善战。当然，李林甫的小心思是觉得这些胡人即便立功，也不会被唐玄宗重用。

唐玄宗接受了李林甫的建议，就找了些文化低，但是骁勇善战的胡人当节度使。在这些节度使里，有一个叫安禄山的胡人，深得唐玄宗的喜爱。因为这个人长得胖，肚子圆滚滚的，非常可爱，每次见面都能把唐玄宗逗乐。

为了讨唐玄宗欢心。安禄山经常搜罗奇禽异兽、珍珠宝贝献给他。他知道唐玄宗偏爱有功的将领，就请一些少数民族的首领和将士参加宴会，趁机灌醉他们，再把他们杀了，向唐玄宗邀功。

唐玄宗果然越来越喜欢安禄山，就常常接见他。有一次，唐玄宗指着他的大肚皮，笑着问："这么大的肚子，里面都装了些什么呀？"

安禄山想也没想就回答说："没有别的，只有一颗赤诚的心。"

唐玄宗听后，龙颜大悦，就封安禄山为郡王，还在长安为他造了一座非常豪华的王府。就连杨贵妃也被安禄山哄得心花怒放，认他做干儿子。安禄山进出内宫，就像进出自己的家一样。

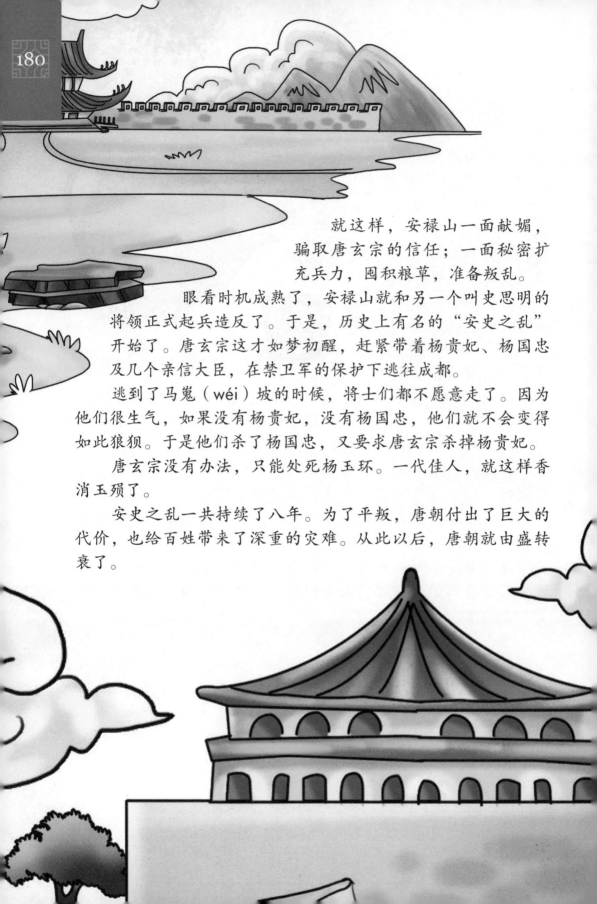

就这样，安禄山一面献媚，骗取唐玄宗的信任；一面秘密扩充兵力，囤积粮草，准备叛乱。

眼看时机成熟了，安禄山就和另一个叫史思明的将领正式起兵造反了。于是，历史上有名的"安史之乱"开始了。唐玄宗这才如梦初醒，赶紧带着杨贵妃、杨国忠及几个亲信大臣，在禁卫军的保护下逃往成都。

逃到了马嵬（wéi）坡的时候，将士们都不愿意走了。因为他们很生气，如果没有杨贵妃，没有杨国忠，他们就不会变得如此狼狈。于是他们杀了杨国忠，又要求唐玄宗杀掉杨贵妃。

唐玄宗没有办法，只能处死杨玉环。一代佳人，就这样香消玉殒了。

安史之乱一共持续了八年。为了平叛，唐朝付出了巨大的代价，也给百姓带来了深重的灾难。从此以后，唐朝就由盛转衰了。

最糟糕的时代

ZUI ZAOGAO DE SHIDAI

在漫长的历史长河里，
有一个糟糕的时代，
在这个时代里，
中华大地上一片混乱，
短短五十几年间，
竟然出现了五个朝代、十个国家。
把所有的皇帝加在一起，
可有一个班级的人数那么多呢。

趁这个机会，
契丹人偷偷溜了进来，
他们像贪婪的饿狼，
吞掉汉人的土地，
吞掉汉人的财富，
吃得撑肠拄腹，满嘴流油。
唉，这个时代真是糟糕透了！

冲天大将军

安史之乱后，唐朝的繁华就一去不复返了。到了唐朝末年，政治腐败，再加上连年不断的天灾，百姓四处流亡，最终走上了起义这条旧路。

公元874年，有个叫王仙芝的私盐贩子，聚集了几千农民，起兵造反。不久，又一个叫黄巢的私盐贩子也起兵响应。

黄巢读过书，参加过科举考试，但考了几次，都没考上。后来，他见朝廷政治腐败，百

姓苦不堪言，就决定奋起反抗。据说他当时还写了一首反诗，叫《不第后赋菊》：

待到秋来九月八，我花开后百花杀；

冲天香阵透长安，满城尽带黄金甲。

黄巢起兵后，跟王仙芝的队伍汇合到一起，接连攻下许多州县，一路所向披靡。

朝廷害怕了，命各地将领疯狂镇压起义军。可是那些将领不是吃了败仗，就是不肯出兵。唐王朝发现无力对抗起义军，就想笼络他们，派使者去见王仙芝，说给他封官。

王仙芝一听有官做，有点心动了。黄巢知道这个消息后，气急败坏地带了一群将士，去找王仙芝理论，说"当年兄弟们发誓，要一同平定天下。现在你去做官了，叫其他的兄弟怎么办？"

王仙芝还想为自己辩解，可黄巢却抢起拳头，狠狠揍了他几拳，打得他满脸是血。王仙芝这才认错，赶紧把朝廷派来的使者赶跑了。

经过这件事情后，黄巢不再信任王仙芝，跟他兵分两路。一个向西进攻，一个向东进攻。很快，王仙芝就吃了败仗，被唐军杀死了。

王仙芝死后，手下部将带兵投靠了黄巢。大家推举黄巢为王，又称"冲天大将军"。

黄巢当上"冲天大将军"后，很快就顺利渡过长江，拿下浙东，一路势如破竹，打到广州。

公元880年，黄巢带领六十万大军，攻下了长安的门户——

啊，朕才当了
四年皇帝！

潼（tóng）关。唐僖
（xī）宗吓得魂飞魄散，赶
紧带着妃子，逃到成都去了，来不及逃走的官员只好投降。

就这样，黄巢坐在一顶金色的大轿上，被人抬进了长安。

黄巢还命人将所得的财物分发给百姓，对他们说，自己会
善待他们，绝不会像唐朝皇帝一样虐待百姓。

几天后，黄巢当了皇帝，国号为大齐。至此，起义军经过
七年的奋战，终于取得了胜利。

然而，起义军一路打来，之前占领过的地方，都没有派
人留守，也没有彻底消灭关中的唐军。没多久，朝廷就调集
各路人马，将长安团团围住。起义军打败了，不得不撤出
长安。

公元884年，黄巢在唐军的追击下，退到泰山狼虎谷，英勇
牺牲了，结束了4年的皇帝生涯。

一个叫"全忠"的篡位者

　　在镇压黄巢起义时，有一个人表现得特别积极，唐僖宗还送了个"全忠"的名号给他。这个人是谁呢？他就是朱温。

　　那么朱温真的是一个忠诚的人吗？据说，他从小就是个游手好闲的人。他家三个兄弟中，就数他最凶恶。黄巢起义的时候，朱温先是投靠了黄巢，接着又投靠了唐王朝。这么个反复无常的人物，会忠诚吗？

　　唐僖宗死后，他的弟弟李晔（yè）即位，这就是唐昭宗。当时，朝廷里宦官当权，唐昭宗就想诛杀宦官，不料反被宦官软禁了起来。朱温瞧准这个时机，替唐昭宗把宦官杀得一干二净。

　　不过，你要是以为朱温除宦官，是因为对唐昭宗忠心，那就错了。他是想要控制唐昭宗，然后自己做皇帝。

　　唐昭宗没有想到，摆脱了宦官，在

朱温的控制下日子更不好过。朱温杀光了所有宦官后，就带着唐昭宗离开长安，迁都洛阳。

可是，长安的官员和百姓们都不愿意走啊。可别小瞧了朱温，他有的是办法。他派人把长安所有的房子都给拆了，还把材料一起带走。这样一来，长安的官员和百姓没有了住处，只能乖乖跟朱温去洛阳。

朱温到了洛阳以后，马上把唐昭宗杀了，找了一个十三岁的孩子做傀儡皇帝。这就是唐哀帝。

眼看宦官被解决了，皇帝也被解决了，可还有一批唐王朝的大臣啊。这个时候，朱温手下的谋士就出主意说："这些唐王朝的人靠不住，不如把他们都扔到河里去，以绝后患。"

无毒不丈夫嘛！

朱温，你太狠毒了。

洛阳

　　朱温真是杀红了眼，真的把三十几名朝廷官员杀了，然后扔到黄河里。

　　公元907年，朱温觉得这个傀儡皇帝没什么用处了，就直接废了唐哀帝，自己做了皇帝，改国号为"梁"，史称"后梁"。就这样，心狠手辣的朱温成了梁太祖，而统治了将近三百年的唐朝也宣告灭亡了。

　　唐朝灭亡以后，中国又陷入混乱之中。后梁、后唐、后晋、后汉、后周五个朝代相继登场，历史上称之为"五代"。在它们周围，先后还出现了前蜀、后蜀、南吴、南唐、吴越、闽（mǐn）国、楚国、南汉、南平和北汉十个小国，合称"十国"。就这样，中国进入了五代十国时期。

儿皇帝石敬瑭

　　五代十国时期，中原大地上一片混乱，这时北方的契丹崛起了。

　　契丹皇帝耶律德光在位的时候，五代正好到了第二个王朝——后唐。后唐有一个将领，名叫石敬瑭（táng）。他跟唐末帝李从珂有些过节，于是起兵造反。李从珂就派了几万人马去晋阳攻打石敬瑭。

我可比你小十岁啊，儿子！

　　石敬瑭抵挡了一阵，发现抵挡不了，正心急如焚的时候，有个谋士给他出了个主意，叫他向契丹人求救。

　　石敬瑭就写了一封求救信给耶律德光，表示愿意认他作干爹，并答应等打退唐军后，把雁门关以北的燕云十六州献给契丹。

　　耶律德光本来就对南方虎视眈眈，接到石敬瑭的求救信，正中下怀，立刻派出五万骑兵去救晋阳。

　　在契丹军的帮助下，石敬瑭把唐军打得大败。

打了胜仗之后，耶律德光来到晋阳，石敬瑭毕恭毕敬地出城迎接，见了小他十岁的耶律德光，一口一个爹，叫得耶律德光心花怒放，说："我看你的外貌和气度，完全可以做中原的主人，我就封你为皇帝吧！"

石敬瑭一听喜不自禁，于是真的称了帝，并履行承诺，把燕云十六州割让给契丹。

接着，契丹军跟着石敬瑭的军队一起南下，攻打洛阳。唐末帝李从珂抵挡不住，干脆在宫里点了把火，带着一家老少自焚了。

就这样，后唐灭亡了，石敬瑭正式做了中原的皇帝，改国号为晋，也就是后晋。

石敬瑭称帝后，对契丹人百依百顺。他把耶律德光称作"父皇帝"，自己称"儿皇帝"，不仅每年固定向契丹进贡三十万布帛，逢年过节还双手奉上豪礼。

石敬瑭越是对契丹人毕恭毕敬，契丹人就越瞧不起他。朝廷上下都觉得特别丢脸，唯有这个"儿皇帝"石敬瑭毫不在乎。

扯来黄旗作龙袍

后周是五代的最后一个朝代。后周皇帝周恭帝即位的时候，只有七岁，什么都不懂，只好由宰相范质和王溥帮忙打理朝政。

当时，后周有一名猛将，名叫赵匡胤，担任殿前都点检，统领禁军，也就是后周最精锐的部队。于是就有传言说："赵匡胤要做皇帝啦！"

公元960年春节，边境传来紧急战报，北汉和契丹人联合，前来攻打后周了。宰相范质和王溥便派赵匡胤出兵迎敌。

于是，赵匡胤就带着大军浩浩荡荡地离开京城，走了几天，走到陈桥驿，驻扎下来。

晚上，有些将领悄悄聚集在一起，讨论道："我们为了保卫国家，出生入死，可是皇帝这么小，即使我们打了胜仗，他将来会记得我们的功劳吗？倒不如趁现在拥赵匡胤为皇帝！"

不一会儿，消息就传遍了军营。士兵们的情绪都很激动。当时，黄色象征着皇权，只有天子才能穿黄颜色的衣服。于是，有的士兵就偷偷扯下黄旗，为赵匡胤做了一件简单的黄袍。

等到天一亮，众多士

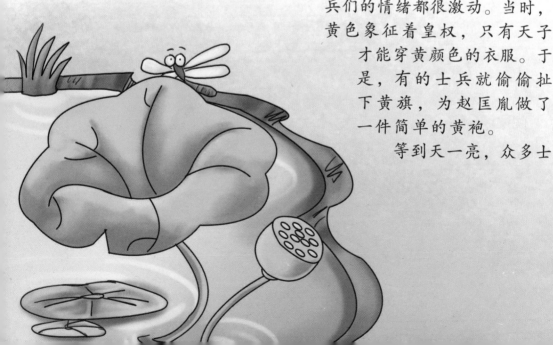

兵就闹哄哄地闯
入赵匡胤的营帐。赵匡胤被喧哗声吵醒，还
没弄清发生了什么事，只见一群人拥进来，把早已准
备好的黄袍披到他身上。随后，大家跪倒在地上，齐呼："万
岁，万岁，万万岁。"

　　赵匡胤脸色一变，正要推辞，一旁的谋士赵普赶紧劝阻
说："如果不答应他们，他们就会以谋反罪被处死。将军向来
爱民如子，不如就答应了他们吧！"

　　事情到了这个地步，赵匡胤也只好同意了。这就是"陈桥
兵变"的故事。

　　就这样，赵匡胤被拥立为皇帝，带着大军返回京城。但
他与将士们约法三章：不许伤害太后和皇帝，不能伤害朝廷大
臣，不准抢夺宫里的财物，谁敢违反，一旦抓住，严惩不贷。

　　将士们都服从赵匡胤的命令，大家万众一心回到京城。周
恭帝被吓得屁滚尿流，赶忙乖乖地让了位。赵匡胤即位后，把
国号改为"宋"，史称北宋。赵匡胤就是宋太祖。